石油涉外企业社会风险预警管理理论及实证研究

聂晓愚　著

东北大学出版社

·沈　阳·

图书在版编目（CIP）数据

石油涉外企业社会风险预警管理理论及实证研究／聂晓愚著. — 沈阳：东北大学出版社，2016.10
ISBN 978-7-5517-1442-6

Ⅰ．①石…　Ⅱ．①聂…　Ⅲ．①石油工业—海外企业—社会管理—风险管理—研究—中国　Ⅳ．①F426.22

中国版本图书馆 CIP 数据核字（2016）第 258744 号

──────────────────────────────

出　版　者：东北大学出版社
　　　　　　地址：沈阳市和平区文化路三号巷 11 号
　　　　　　邮编：110819
　　　　　　电话：024－83687331（市场部）　83680267（社务部）
　　　　　　传真：024－83680180（市场部）　83687332（社务部）
　　　　　　E-mail: neuph@ neupress. com
　　　　　　http://www. neupress. com
印　刷　者：沈阳市第二市政建设工程公司印刷厂
发　行　者：东北大学出版社
幅面尺寸：170mm×240mm
印　　张：10.75
字　　数：226 千字
出版时间：2016 年 10 月第 1 版
印刷时间：2016 年 10 月第 1 次印刷
责任编辑：孟　颖　　　　　　　　　　　　责任校对：子　敏
封面设计：刘江旸　　　　　　　　　　　　责任出版：唐敏志
──────────────────────────────
ISBN 978-7-5517-1442-6　　　　　　　　　　定　　价：49.00 元

前　言

石油涉外企业在海外工程进行的过程中，面临着来自各个方面的风险与挑战。在当今社会下，石油资源已经毫无争议地成为现代工业的"血液"和"命脉"，任何一个国家的工业发展都要依托于石油资源的占有量。伴随着石油在世界能源结构中地位的日益上升，对于石油的争夺战成为世界格局下最为敏感的话题，也是每个国家发展中必须面临和接受的挑战。我国的石油涉外企业肩负着重要的责任和使命，石油企业不仅要"走出去"，更要做到的是"大胆地走出去，安全地走回来"。因此，做好石油涉外企业社会风险的预警管理具有十分重要的现实意义。

本书深入研究了社会风险预警管理理论，极大地推动了石油涉外企业社会风险预警管理理论的发展，丰富了社会风险预警管理理论体系，建立了石油涉外企业社会风险预警评价指标体系，并完成了社会风险预警评价模型、预警分析模型的构建，针对石油涉外企业不同的特点制定相应的预警方案，解决了石油涉外企业对于海外工程项目社会风险进行评价、预警管理的问题。

本书内容由7章构成。

第1章，绪论。分析我国石油涉外企业面临社会风险的主要表现和原因，并引入风险偏好的概念，详细阐述针对石油涉外企业的特点，社会风险区别于其他风险的重要差异，更加明确了本书研究的重大现实意义；同时，对国内外关于石油涉外企业社会风险预警管理的相关研究情况进行综述，奠定了研究基础并进一步阐明研究的方向。

第2章，石油涉外企业社会风险预警管理框架研究。对风险、社会风险、预警、社会风险预警、石油涉外企业社会风险预警特殊性原理等相关理论进行研究，从国际政治学、国际经济学、国际法学等多角度丰富社会风险管理理论，将企业风险偏好概念应用于石油涉外企业社会风险预警管理中，详细阐述石油涉外企业社会风险的特点，针对石油涉外企业的特殊性，建立起高角度、高视野、有特点的社会风险预警管理理论。基于深入的理论研究，得出一套完整的社会风险预警理论框架，对后面的研究起到了很好的指导作用。

第3章，石油涉外企业社会风险预警评价指标体系构建研究。运用文献分析法和频次统计法建立石油涉外企业社会风险预警管理指标体系，针对石油涉外企业的社会风险特征设计调查问卷，运用实地调研法对指标体系进行第一轮修改，根据修改后的指标体系再次设计调查问卷，运用 Delphi 法邀请专家组对指标体系进行两轮修正，确定最终的石油涉外企业社会风险预警评价指标体系。

第 4 章，石油涉外企业社会风险预警评价建模研究。综合分析石油涉外企业的特点和数据特征，确定了使用核主成分回归分析的方法进行建模，并最终建立了石油涉外企业社会风险预警评价回归模型。该模型主要针对石油涉外企业在某个国家或地区投产前进行该国家或地区的社会风险预警等级评价，结合企业的风险偏好，对石油涉外企业的投产决策具有重大指导作用。

第 5 章，石油涉外企业社会风险预警分析建模研究。利用我国主要的石油涉外企业在 25 个主要项目所在国家或地区发生社会风险事件的频次统计与风险评估机构或者权威风险评估部门的风险等级评价结果，运用核 Fisher 判别分析建立风险事件发生于风险评级之间的线性关系，进而确定石油涉外企业社会风险的预警等级的判断方法。该模型主要针对石油涉外企业在某个国家或地区投产后的社会风险预警分析。

第 6 章，长城钻探工程公司社会风险预警管理案例研究。搜集大量数据运用分阶段社会风险预警评价和预警分析模型进行分析，在不同风险预警等级下采取相应的策略。并以长城公司为例，制定一套针对于石油涉外企业的从上至下完善的社会风险评价预警管理系统，并提出相应的社会风险预警管理对策与措施。

第 7 章，结论与展望。对本书的研究内容进行总结并展望未来的研究方向。

由于作者水平有限，时间仓促，书中不妥之处在所难免，恳请读者批评指正。

聂晓愚

2016 年 8 月于沈阳

目　　　录

第1章　绪　论 ……………………………………………………… 1

1.1　研究背景与写作目的 ………………………………………… 1

1.1.1　研究背景 ………………………………………………… 1

1.1.2　问题的提出 ……………………………………………… 4

1.1.3　现实意义——从风险偏好的角度 ……………………… 6

1.1.4　写作目的 ………………………………………………… 9

1.2　国内外相关研究综述 ………………………………………… 10

1.2.1　国内外对国际工程项目综合风险相关研究 …………… 10

1.2.2　国内外对石油企业社会风险管理的研究成果 ………… 13

1.2.3　国内外对社会风险指标的研究成果 …………………… 15

1.2.4　国内外对预警理论的研究现状 ………………………… 16

1.2.5　国内外对预警模型的研究现状 ………………………… 20

1.2.6　现有研究成果评价及本书研究方向 …………………… 22

1.3　研究内容方法与框架 ………………………………………… 23

1.3.1　研究内容 ………………………………………………… 23

1.3.2　研究方法 ………………………………………………… 24

1.3.3　本书框架及技术路线 …………………………………… 25

第2章　石油涉外企业社会风险预警管理框架研究 ……………… 28

2.1　风险与社会风险 ……………………………………………… 28

2.1.1　风险概念的起源 ………………………………………… 28

2.1.2　风险概念的内涵 ………………………………………… 29

2.1.3　社会风险的内涵 ………………………………………… 31

2.1.4　现代社会风险的表现 …………………………………… 32

2.1.5　现代社会风险的特征 …………………………………… 35

2.2 预警与社会风险预警 …………………………………………… 37
　　2.2.1 预警的理论研究 …………………………………………… 37
　　2.2.2 社会风险预警的理论研究 ………………………………… 39
　　2.2.3 社会风险预警评价的主要方法 …………………………… 40
2.3 石油涉外企业社会风险预警理论框架 ………………………… 43
　　2.3.1 我国石油涉外企业的特点 ………………………………… 43
　　2.3.2 石油涉外企业社会风险的特点 …………………………… 46
　　2.3.3 石油涉外企业社会风险预警特殊性原理 ………………… 53
　　2.3.4 石油涉外企业社会风险预警理论框架 …………………… 54

第3章 石油涉外企业社会风险预警评价指标体系构建研究 ……… 58
3.1 石油涉外企业社会风险预警评价指标体系设计方法 ………… 58
　　3.1.1 石油涉外企业社会风险预警评价指标体系的设计原则 …… 58
　　3.1.2 石油涉外企业社会风险预警评价指标的设计方法 ……… 59
3.2 基于两步法进行预警评价指标体系的建立 …………………… 60
　　3.2.1 基于文献研究法对预警评价指标体系的建立 …………… 60
　　3.2.2 基于频次分析法对预警评价指标体系的完善 …………… 65
3.3 运用实地调研法对预警评价指标体系进行修改 ……………… 67
3.4 通过 Delphi 法确立预警评价指标体系 ……………………… 68
　　3.4.1 调查对象的选取 …………………………………………… 68
　　3.4.2 Delphi 法的实施步骤 …………………………………… 70
　　3.4.3 Delphi 法的结果 ………………………………………… 71
3.5 石油涉外企业社会风险预警评价指标体系结构 ……………… 71
　　3.5.1 对一级指标的描述 ………………………………………… 73
　　3.5.2 对二级指标的描述 ………………………………………… 73
　　3.5.3 对三级指标的描述 ………………………………………… 74

第4章 石油涉外企业社会风险预警评价建模研究 ………………… 78
4.1 石油涉外企业社会风险预警评价建模数据来源 ……………… 78
4.2 石油涉外企业社会风险预警评价方法的选择 ………………… 79
　　4.2.1 回归分析判定 ……………………………………………… 79
　　4.2.2 主成分分析判定 …………………………………………… 81
　　4.2.3 核主成分分析判定 ………………………………………… 82
　　4.2.4 核主成分回归分析判定 …………………………………… 84

4.3　石油涉外企业社会风险预警评价核主成分分析过程 ┈┈┈ 85
　　4.3.1　核主成分分析计算步骤 ┈┈┈┈┈┈┈┈┈┈┈ 85
　　4.3.2　运用样本数据进行核主成分分析 ┈┈┈┈┈┈┈ 85
4.4　石油涉外企业社会风险预警评价核主成分回归建模分析 ┈┈┈ 90
　　4.4.1　核主成分回归步骤 ┈┈┈┈┈┈┈┈┈┈┈┈┈ 91
　　4.4.2　用样本数据进行核主成分回归建模分析 ┈┈┈┈ 91
　　4.4.3　石油涉外企业社会风险预警评价模型拟合度分析和显著
　　　　　 性分析 ┈┈┈┈┈┈┈┈┈┈┈┈┈┈┈┈┈┈┈ 92
　　4.4.4　石油涉外企业社会风险预警评价模型说明 ┈┈┈ 94

第5章　石油涉外企业社会风险预警分析建模研究 ┈┈┈┈┈ 98
5.1　石油涉外企业社会风险预警分析模型建构 ┈┈┈┈┈┈ 98
　　5.1.1　社会风险预警分析流程 ┈┈┈┈┈┈┈┈┈┈┈ 98
　　5.1.2　基于判别分析的预警建模 ┈┈┈┈┈┈┈┈┈┈ 101
　　5.1.3　多总体Fisher判别分析 ┈┈┈┈┈┈┈┈┈┈┈ 103
　　5.1.4　多总体核Fisher判别分析模型 ┈┈┈┈┈┈┈┈ 106
5.2　石油涉外企业社会风险预警分析建模实现 ┈┈┈┈┈┈ 107
　　5.2.1　数据来源 ┈┈┈┈┈┈┈┈┈┈┈┈┈┈┈┈┈ 107
　　5.2.2　核Fisher判别步骤 ┈┈┈┈┈┈┈┈┈┈┈┈┈ 108
　　5.2.3　运用样本数据进行核Fisher判别计算 ┈┈┈┈┈ 108
　　5.2.4　预警模型合理性分析 ┈┈┈┈┈┈┈┈┈┈┈┈ 115
5.3　石油涉外企业社会风险预警分析模型应用 ┈┈┈┈┈┈ 116
　　5.3.1　样本数据的选取 ┈┈┈┈┈┈┈┈┈┈┈┈┈┈ 116
　　5.3.2　使用预警模型进行预警等级分析 ┈┈┈┈┈┈┈ 116

第6章　长城钻探工程公司社会风险预警管理案例研究 ┈┈┈┈ 120
6.1　长城钻探工程公司社会风险预警管理体系的建立 ┈┈┈┈ 120
　　6.1.1　长城钻探工程公司海外工程概述 ┈┈┈┈┈┈┈ 120
　　6.1.2　社会风险预警管理部门的构建 ┈┈┈┈┈┈┈┈ 121
　　6.1.3　社会风险预警管理内容 ┈┈┈┈┈┈┈┈┈┈┈ 122
6.2　长城钻探工程公司社会风险预警管理体系应用 ┈┈┈┈┈ 124
　　6.2.1　社会风险预警评价模型的应用 ┈┈┈┈┈┈┈┈ 124
　　6.2.2　社会风险预警分析模型的应用 ┈┈┈┈┈┈┈┈ 126
　　6.2.3　石油涉外企业社会风险预警管理策略体系 ┈┈┈ 131

第 7 章 结论与展望 ·· 138

7.1 研究结论 ·· 138

7.2 主要创新性成果 ·· 139

7.3 研究展望 ·· 140

参考文献 ·· 141

附 录 ·· 152

附录 A 石油涉外企业社会风险预警评价指标体系调查问卷（中国专家版）·· 152

附录 B 石油涉外企业社会风险预警评价指标体系调查问卷（访问学者版）·· 156

附录 C 社会风险事件编码表 ································ 161

附录 D 核主成分分析结果 ·································· 162

附录 E 国际媒体在 2012 年对叙利亚发生社会风险事件报道的频次统计 ·· 163

后 记 ·· 164

第 1 章 绪 论

1.1 研究背景与写作目的

1.1.1 研究背景

能源是现代工业的"粮食"和"血液",是国家经济发展的命脉,只有保障了能源的及时长期稳定的供应,才能从根本上保障国家安全和社会稳定。而石油在能源结构中地位日益上升,世界各国围绕着石油资源展开了更加激烈的争夺,对石油产地的控制和开发已经成为权力分配的重要因素。

从西方发达国家的经济发展历程中,我们可以看出,能源消费与经济的稳定持续增长和生活水平的提高是存在一定的对应关系的。在过去的十年中,中国的经济发展速度迅猛,与此同时,中国能源消费量达到历史最高值,石油进口量也呈直线上升的趋势。

中国的石油消费一路攀升,1990 年石油的每天消费量为 210 万桶,2013 年上升到每天 920 万桶。国内石油供应能力的不足和石油需求的快速增长,直接导致进口比重在中国石油消费中越来越大。1993 年,中国成为成品油的净进口国,1996 年成为原油的净进口国,到 2003 年,中国原油和成品油的净进口量为 9739 万吨,成为仅次于美国的世界第二大原油消费大国。如果加上成品油和其他方面的进口,2004 年以来的石油进口的增长更加明显,其中净进口量也不断增加,2004 年中国原油和成品油的进口量达到 1.6 亿吨,净进口量为 1.437 亿吨;2005 年石油进口量为 1.58 亿吨,净进口量为 1.364 亿吨,略低于前一年;2006 年的净进口量为 1.63 亿吨;2007 年的净进口量为 1.834 亿吨[1];2008 年中国石油净进口量达 2.006 亿吨;2009 年中国石油净进口量达 2.189 亿吨;2010 年中国石油净进口量达 2.363 亿吨;2011 年中国石油净进口量达 2.514 亿吨;2012 年中国石油净进口量达 2.842 亿吨。十年内中国石油净进口量如图 1.1 所示。按照中国"到 21 世纪中叶基本实现现代化"的经济发展宏伟目标,未来中国的 GDP 增速需保持在年均 8% 以上。而在进入工业化中期以后,中国单位 GDP 的能耗亦呈增长之势。由此看来,在未来的 20 年里，随着中国工业化和城镇化水平的日益提高，中国的石油需求还将不断增加。

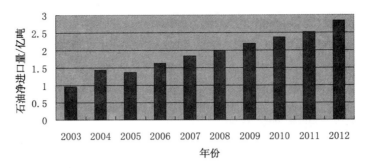

图 1.1　2003—2012 年中国石油净进口量

由以上统计数据可见，石油对外依存度的增长速度超过了专家的预测。经济水平的快速发展使中国必须面对难以避免的两个情况：其一是石油消费量显著增加；其二是目前国内中西部油田开采条件恶劣，海上油田开发的前景虽然比较好，但是迄今为止尚未发现足以改变中国石油战略现状的大油田，而东部油田的产油量又呈现递减的趋势，国内石油产量严重不足，无法满足社会经济发展对石油能源的需要，需要大量进口石油以满足国内需求。据相关专家分析预测，到 2030 年，我国的石油净进口量将达到每日 1000 万桶，这意味着届时我国所需原油将有 80% 以上来自深受国际政治、军事、经济、文化影响的国际石油市场。石油短缺已经成为我国能源安全矛盾中的主要方面，并可能成为制约经济社会可持续发展的致命因素，使国家安全面临严重的威胁[2]。很多石油企业，肩负着国家安全利益重任和重要的社会使命，是贯彻国家意志和实现国家能源安全战略的重要力量，因此，在国家石油安全问题日益凸现的今天更应该积极走出国门，主动参与国际竞争，实施国际化经营，建立海外石油生产基地，保障我国石油供应的安全稳定。

20 世纪 90 年代以来，随着美国等西方国家的大石油公司纷纷将投资的重点区域转向国外，石油投资逐渐呈现国际化和全球化的趋势。石油行业的特点注定了中国加入 WTO 后，国内石油市场将逐步全方位对外开放，"国内市场国际化"的趋势也将更加明显[2]。跨国石油公司凭借其在资金、管理、技术、产品、市场营销、服务上的优势，倾力打入中国市场，以获取更多的市场份额为目标，与中国石油石化企业展开竞争。跨国公司带给中国石油石化企业巨大的压力，而国内的资源基础又比较薄弱，所以要想降低成本获得高附加值收益，必须到海外进行投资和开发。将开采、生产、销售一系列流程在海外进行时，就可绕开关税壁垒，抵制贸易保护。在海外进行作业的过程中，还可以与其他国家展开更加深入的合作和更加激烈的竞争，在合作中获得利益，在竞争中提升自己，更加有利于稳定我国石油企业在世界石油舞台上的地位。以在全球范围内优化资源配置，发挥自己的比较优势，以实现企业的最大利润，建成具有国际竞争力和具有中国特色的现代跨国石油企业。因此，实施海外投资战略，是我国加入 WTO 后中国石油企业求得生存和发展的必由之路。

石油资源的特殊性决定石油涉外企业进行海外项目时开展社会安全风险管理的必要性。石油作为国际战略资源，国际石油市场深受国际政治、军事、经济、文化影响，石油关乎国家安全，对于一个国家的生存与繁荣具有非同寻常的意义。对于许多国家来说，当石油的严重威胁发生时，政府会使用一切办法甚至是武力加以维护。历史上发生的多次战争中，引起冲突、导致战争扩大升级的一个重要的因素就是石油。全球曾在 1973 年至 1974 年、1979 年至 1980年和 1990 年至 1991 年先后三次发生了石油危机，这三次石油危机对世界经济发展产生了巨大影响，对于一些石油进口依赖程度高的国家产生了剧烈的负面影响，引起了经济社会大动荡。从地缘政治来看，大部分石油原产国家或地区都长期存在着民族和国家冲突，这些冲突由于石油资源的发掘和开采变得愈发剧烈。不论是过去、现在、还是未来，围绕石油的国际冲突不会停止。石油与政治地缘、地区性民族性冲突、国家政局、民族利益紧密相连。由于世界对于能源需求量不断增加，与石油原产国家或地区的冲突和矛盾很难彻底解决。在石油涉外企业进行海外工程项目中，社会风险是必须面对的严峻的现实问题，做好社会风险管理工作十分重要。

在我国石油涉外企业开展海外工程项目的过程中，曾多次发生社会风险事件，造成了惨痛的人员伤亡和巨大的财产损失。

① 2006 年尼日利亚南部产油区的武装分子在一个炼油厂外发动了汽车炸弹袭击，并特别警告我国政府和石油公司不要卷入尼日尔三角洲的石油生产。

② 2007 年 4 月 24 日埃塞俄比亚的欧加登地区发生了一起针对 30 多名中国石油工人的武装袭击事件，造成 9 名中国石油工人死亡，7 人被绑架。

③ 2008 年 10 月 18 日，中国石油 9 名海外项目人员在苏丹遭劫持，其中 5人遇害。

④ 2009 年 6 月，在俄罗斯、独联体和东欧地区，"光头党"非常猖獗，我国石油涉外企业在该地区的人员有时会受到袭击。

⑤ 2004 年 5 月，中港集团第一航务工程勘察设计院的 12 名监理工程师在去巴基斯坦瓜达尔港口工地途中，遭遇汽车遥控炸弹袭击，3 死 9 伤。

⑥ 2009 年 12 月 21 日，伊拉克尼尼微省首府摩苏尔以西 80 公里的泰勒阿菲尔市发生一起针对市长车队的自杀式炸弹袭击，市长和其警卫当场死亡，造

成社会民众极度恐慌。

⑦ 2009 年 12 月 18 日，成千上万名当地人在星期五祷告结束后聚集到伊朗德黑兰大学门前的革命大街举行示威活动。当日，数以万计的伊朗民众在全国各地举行示威集会，谴责已故伊朗最高领袖、"伊斯兰革命之父"霍梅尼的肖像最近遭到损毁的行为。另有媒体报道，反对派激进分子计划在伊斯兰教历一月期间（公历 2009 年 12 月 18 日至 2010 年 1 月 15 日）举行反政府集会，所有石油项目被迫停工。

上述事故尽管起因和影响不尽相同，但它们都有着共同的特征：都是社会风险问题，直接影响了石油涉外企业海外工程项目的进展，有的甚至直接影响海外工作人员的人身安全，可见为了确保海外工作人员安全、稳定石油涉外企业局势、促进我国石油涉外企业快速发展，社会风险问题应引起高度重视。

正是在这种背景下，如何准确地评估石油涉外企业社会风险等级、如何做好社会风险预警管理成为国家相关部门和石油涉外企业的重点研究对象，商务部在 2010 年 9 月 21 日印发了《对外投资合作境外安全风险预警和信息通报制度》[3]，结合我国石油企业海外投资的实际情况，对我国石油企业海外投资遇到的风险进行了分类。

1.1.2　问题的提出

当前国际政治格局和经济格局的变化，对石油涉外企业海外石油工程项目的社会风险管理提出了更高的要求，在合同签订、项目选址、施工建设、石油开采、原油加工、日常维护等过程中，新的社会环境带来了新的挑战，这就需要石油涉外企业提高对于社会风险的预警和应对能力。海外石油工程项目面临的比较突出的问题具体体现在：第一，地区热点问题。主要发生在石油储备国家，如苏丹、乍得、委内瑞拉和伊拉克等。这些国家局势不稳，恐怖事件和武装冲突频频发生，当地的这些社会风险事件会直接波及石油涉外企业海外工程项目人员的人身安全。反政府武装在一些国家长期存在，不断发动各种武装冲突，当地政府与反政府武装之间的斗争谈判对当地的外来石油开采企业的生产生存问题产生极大的影响。第二，恐怖袭击事件。近几年，石油原产国发生的恐怖袭击事件数量不断增加，恐怖袭击对我国石油涉外企业海外工作人员的安全造成越来越大的威胁。石油海外工程项目所在国家先后都发生过多起社会风险事件，这些事件的性质各有不同，但造成的伤害和损失都是巨大的。第三，社会治安问题严重。大部分石油原产国家或地区的治安状况都处于令人担忧的状态。抢劫、盗窃等社会治安案件时有发生，很多反政府组织异常猖狂，经常引发恶性社会治安事件，这些都对海外石油工程项目造成巨大的财产损失和人身伤害。第四，地方民族分裂势力排外情绪强烈。当今世界，很多国家都存在着民族分裂势力，石油储备国家或地区的民族分裂势力尤为强大，如巴基斯坦部落地区、阿富汗和埃塞俄比亚等。当外国的跨国企业特别是石油企业进驻到本国从事开采作业时，这些外国企业的员工经常成为他们的袭击目标，他们以此威胁政府，与政府讨价还价谋求利益。第五，利益纠纷导致矛盾冲突。伴随着石油涉外企业在石油原产国家或地区的项目不断发展，我国员工与当地的居民、政府、部落的交流不断增加，外国雇员的人数也在日益增多，由于文化、习惯、民族、风俗、价值观和政治立场等方面的不同，在很多问题的认识和处理方法上都存在差异，如果关系处理不当，很容易产生利益纠纷，进而导致双方矛盾和冲突。

人力资源是企业最重要的资源之一，海外工作人员的生命安全直接关系到企业能否在海外正常生产经营，一系列恐怖袭击事件的发生，给我国海外企业经营的安全性敲响了警钟，如果企业不能做好社会风险管理工作，类似的事件将会重演。企业的外部困难只是一种外在条件，而企业真正地陷入困境，不但表现为企业被动地承受外部环境的不利冲击，更表现为企业始终不能以内部管理的正确应变去适应和改善外部环境[4]。因此，如何识别风险、及时发出预警并采取有效措施来避免、甚至将其转化为企业发展的动力才是一个企业长久发展的根本保障。企业最大的风险不在于外部环境与因素的变化，而在于企业自身不能识别风险并及时采取行动。为保证石油涉外企业境外项目员工和财产的安全，石油涉外企业必须做好社会风险预警管理工作。

与国内的工作环境相比，境外工作将面对的是一个完全不同的工作环境，其中包括社会、政治、经济、法律、风俗习惯和地理气候等方面，所以对所有参与海外项目的工作人员提出了高标准、高水平、高素质的严格要求，对海外项目社会安全风险的管理有其特殊性，对此进行专门研究非常重要。海外工程项目若发生社会风险事件，则对项目的正常秩序、员工的心理、队伍的稳定、人员的人身安全等各个方面都会产生巨大影响。因此，做好社会风险管理工作是稳定员工情绪、维持工程项目正常秩序、保障工作人员人身安全、使海外工程项目长期稳定发展的基础和前提。社会风险管理不同于传统意义上的安全风险管理。生产安全管理强调人－机－环境的有机统一，属于企业内部事务，可通过识别和控制生产全过程面临的风险，实现安全生产。社会风险主要是由外部因素综合作用产生的，具有不可控性和突发性。海外项目社会风险管理在强化内功的基础上，仍要受所在国的政局、治安、国际环境、邻国关系等多方面的影响，做好社会风险管理工作，必须基于"以人为本"的理念，做到从思想上、行动上、措施上都有条不紊，有理可循，并且重点突出"事前预防"，加强对于局势和环境的实时监控，提前获取社会风险事件信息，做到未雨绸缪，对海外项目社会安全风险进行评估和预测，预先对可能面临的社会风险做出评估，对可能面临的风险和严重程度做好预警，进而采取切实有效的应对措施。在日常工作中，就要加强员工培训，时刻灌输防范风险的理念，提高员工的安全防范意识，并且在社会风险事件发生时能够做出冷静、迅速的判断，在及时防范的同时，最大限度地减少损失。

石油涉外企业如果能够针对项目所在国家特点，有目的有步骤地开展社会风险管理活动，构建社会风险预警管理体系，研究规避社会风险的对策措施，则可以有效地规避风险，降低因风险造成的损失。同时，根据石油涉外企业社会风险管理的特点和需求，建立一个健全完善的社会风险预警系统，则能够对各类社会安全风险进行预警管理，积极防范和及时处置各种突发事件，加强对突发事件的应急反应能力，并采用信息化的方式对预案和培训进行管理，提高预案和培训管理的效率和效果。

1.1.3 现实意义——从风险偏好的角度

本书研究的现实意义主要从分析石油大量存储地区所面临的世界格局的介绍、管理风险偏好相关理论的研究、石油涉外企业社会风险预警管理的现实意义等三个方面进行阐述。

1.1.3.1 石油大量存储地区所面临的世界格局

目前，能源争夺战规模空前，惨烈空前[5]。石油资源涉及了国家战略、经济发展、社会稳定和整体对外战略的多层次的政治安全问题，世界各国尤其是大国对石油资源争夺的力度日益加大。纵观世界历史，围绕着石油资源竞争和安全问题，已经在石油资源消费国之间、消费国与生产国之间、生产国与生产国之间爆发了全面的争夺战，继而引发国际政治、外交和军事冲突。由此可见，石油涉外企业所面临的社会风险必须从全球角度高视野地进行全面的分析。针对于石油资源，美国、俄罗斯、日本、印度、中国等大国以及欧洲一些国家已经在中东、里海——中亚、非洲、拉美、北极地区等世界的各个角落展开了激烈的能源角逐。当前的国际政治经济环境下，石油已经不仅仅是各国经济命脉的主要掌控资源，它更是涉及石油大量藏储国战略稳定的重要因素。纵观历史上的战争与争夺，多数与石油有关[6,7]。

世界上对于石油资源的争夺战规模之大、程度之深前所未有。世界石油的主要供给地，都曾经或者还在发生战争和武装冲突。近几十年来，人类社会的每一场战争几乎都与石油有关。中东战争、海湾战争、两伊战争、苏联入侵阿富汗、英阿马岛战争、伊拉克入侵科威特都与石油资源密切相关。

军事专家韩旭东教授认为，自从第一次世界大战开始，好多战争都是和石油联系到一块的。比如第二次世界大战中，德国进攻苏联，向南进攻乌克兰，进攻巴库地区，主要是为了夺取石油资源。

日本偷袭珍珠港也和石油联系在一起。日本是一个石油进口国，第二次世界大战前，它一直从美国进口石油，由于日本在东亚地区的扩张，影响了美国的利益，因此美国对日本实行了石油禁运，日本便向东南亚地区进行扩张，想获取石油资源。日本为了保障向东南亚地区扩张，试图消灭美国的太平洋舰队，所以偷袭珍珠港。

1991 年的海湾战争，实际上就是美国为了争夺中东地区的石油资源。1990 年 8 月 2 日，伊拉克出动 10 万大军，入侵石油资源十分丰富的科威特，若伊拉克吞并了科威特，将拥有左右中东地区甚至世界石油价格的能力。美国的石油经济命脉极有可能被伊拉克掌握，美国立即组织多国部队，在 1991 年 1 月 15 日发动了海湾战争。

阿富汗战争是美国争夺中亚地区石油资源的一部分，美国对阿富汗进行打击，实际上是想通过阿富汗作为跳板，进入中亚地区。阿富汗北部的邻国石油资源丰富，这对美国控制中亚地区石油资源非常有利。

阿富汗战争刚刚结束，美国发动了伊拉克战争，推翻了萨达姆政权，扶植起了一个亲美政权，这样一来美国就控制了伊拉克石油。通过海湾战争，美国已在科威特扶植了亲美政权，美国就基本上控制了中东的石油。在中亚地区，美国也极力扩大它的影响，从中东到中亚的石油带，基本上掌握在了美国的手里。美国通过战争，使他的石油得到了保障[6]。

我国的石油企业紧紧抓住每一个走出国门的机会，积极实行"走出去"战略，将我国的石油企业拓展到世界其他国家。可见，在这种"全球争油"，并且不惜发动武装冲突以获取石油资源的大环境下，石油企业"走出去"面临着极高的社会风险。在中国石油企业选择"走出去"战略时，管理者的管理风险偏好也起到了一定的决定作用。

1.1.3.2 管理风险偏好相关理论的研究

管理风险偏好是指企业管理人员在风险管理过程中或风险决策时对其面临的企业风险所采取的行为。管理风险偏好概念模型如图 1.2 所示。

对于管理者的风险偏好，有如下几种主要观点[8]。

（1）个体所做出的风险决策是有限理性的

管理人员的"管理人"属性决定了他们在做出各种风险决策时并不完全符合最优化原则，而是遵循满意化原则。而这种满意化的判断标准在个体之间又会存在差异，这种差异将进一步导致决策行为的差异。

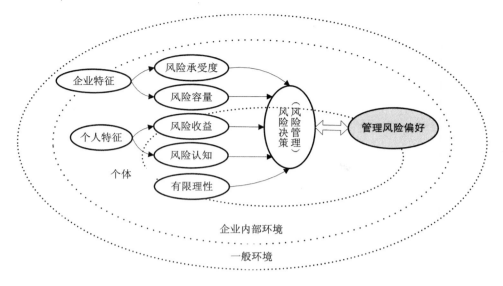

图 1.2　管理风险偏好概念模型

（2）风险决策会由于个体风险认知和风险收益的差异而不同

由于个人的认知特征、先验知识和实践经验等的差异，可能在某些人看来威胁程度很高的风险，另外一些人可能会认为其威胁程度并不高，或者认为并不是风险，甚至由于没有意识到风险的存在，并没有将其视为风险。因此，管理人员风险认知的差异导致了其在风险管理和风险决策的过程中的行为差异，进而影响到管理风险偏好。

企业风险中的许多风险是既可能带来收益也可能带来损失的机会风险。有些风险在某些人看来可能带来的收益要大于损失，而另外一些人会认为损失要大于收益，因此，在面对同样的风险时，不同的个体做出的风险决策会存在差异。另外，企业决策涉及价值取向问题，而企业管理人员的各种价值取向中既包括企业利益方面的内容，也包括个人利益方面的内容[9]。这些利益在不同个体心中的"权重"是不相同的，这也会导致面对同样的风险不同的个体可能会做出不同的风险决策。

（3）企业的风险容量和风险承受度会直接或间接影响个体的风险决策

风险容量和风险承受度反映了企业风险管理理念，这种理念又与企业的风险文化和经营风格有关。具有较高风险承受度的企业可能会将它的资本配置到一些高风险领域，如新兴市场、风险投资等。反之，具有低风险承受度的企业可能会仅仅投资于成熟的、稳定的市场，以避免发生重大的损失风险。显然，不同企业的风险容量和风险承受度是不一样的。

基于对当今世界上几次石油引起的战争以及多年来在石油存储国及周边所

发生的大量高风险事件的描述可以看出，我国石油企业"走出去"面临着极高的风险，但是我国石油涉外企业的领导层管理者基于多方面多角度的分析及验证，依然产生了加强石油涉外企业海外工程建设的风险偏好，可见石油涉外企业迎难而上、勇于面对和处理在海外工程项目进行中遇到的风险的态度。在这种情况下，如何在风险中求生存，在风险中求发展，如何针对石油涉外企业开展社会风险管理，是我国石油涉外企业必须面对、必须解决的重大问题。对于风险偏好在石油涉外企业社会风险预警管理中的应用在后文中还有更加深刻的探讨。

1.1.3.3 石油涉外企业进行社会风险预警管理的现实意义

在前文的论述中我们已经阐明，石油企业"走出去"是在当今世界格局下，我们必须要进行的一项巨大的工程。那么石油涉外企业的风险管理必须及时跟上国际环境，在石油涉外企业计划在某个国家或地区开展海外工程作业前，必须对该国家或地区的社会风险情况有深入的了解，融入企业风险偏好的理念做出正确的决定并制定相应的预警管理方案。在石油涉外企业进行海外工程作业的过程中，面临着各种类型的突发高风险事件之时，企业的风险管理者的决策关系到企业员工的生命安危，关系到工程项目是否可以继续，关系到这个企业的生死存亡。根据企业在项目所在国曾遭遇过的风险，如何评估该企业在该国的风险等级？当风险事件发生时，企业风险管理者是否可以及时地意识到问题的严重程度，进而做出迅速正确的判断解除危机或最大程度地降低企业的损失？在风险事件发生之前，风险管理者是否可以根据以往的经验或者某一模型准确地进行风险预警并做出相应的决策进而避免风险事件的发生？在这些高风险事件发生时，企业风险管理者应如何应对？当这种种问题伴随着世界发展的进程抛到我们面前时，做好石油涉外企业的社会风险预警管理已经成为重要工作。

当然，我国的石油涉外企业还受到很多其他方面的影响。我国国内的政治格局、经济政策、文化传统和民族风俗等，生产过程中对于机器操控、部件检修、开采运输等，生产销售过程中的人员调配、物价变动等，这些都不作为本书研究的重点，本书主要将基于世界格局下针对石油涉外企业在海外工程作业中面临的社会风险作为主要的研究内容。

1.1.4　写作目的

从社会风险预警管理的理论视角，以石油涉外企业社会风险预警管理系统研究风险预警评价指标体系调查问卷和社会风险案例数据为实证研究基础，深层次分析石油涉外企业海外工程项目社会风险以及社会风险预警管理问题，从而拓展石油涉外企业社会风险预警管理的研究视角，增强石油涉外企业社会风险预警管理的深度。通过本书的分析研究，希望为石油涉外企业开展海外工程项目社会风险预警管理提供重要的借鉴，并能从调查研究当中发现社会风险预警管理中存在的问题，进而调整和修正社会风险管理的策略和方法，以便有效地预防社会风险事件的发生，降低社会风险事件发生的概率和频次，以及在社会风险事件发生后能够实施行之有效的干预，将社会风险事件的危害程度降至最低。切实提升石油涉外企业对海外工程项目社会风险的管理能力和管理效果，实现石油涉外企业安全、健康发展的目的。

1.2　国内外相关研究综述

1.2.1　国内外对国际工程项目综合风险相关研究

肖利民研究提出国际工程承包风险预警系统，认为此系统包含了三个模块：风险识别分析、风险预警和风险规避对策，并进一步指出，风险识别模块是系统地对风险相关事件进行挖掘与分类的过程；在对风险进行识别和分析的基础上，风险预警模块的主要任务是确定风险预警的指标体系，将某一风险指标的得分与事先确定的预警范围相互比较，对超出警戒范围的风险因素进行预警，并运用数学方法建立综合评价模型，测算出各种指标对国际工程承包的综合作用情况，得出该国际工程承包项目的风险程度；风险对策模块针对发出预警信号的风险因素分析其性质，寻找应对的方法，使承包商尽量规避风险，减少甚至不遭受损失[10]。

赵珊珊和刘俊颖等针对海外工程项目中雇员安全健康风险进行了研究，提出了通过保险转移进行雇员安全健康风险管理的对策，包括可供选择险种的比较分析，并通过非洲某国的具体案例深入分析了针对海外工程项目中雇员安全健康的保险计划安排[11]。

高建明和刘骥等通过对国内外风险标准界定研究，结合我国实际情况，提出包括安全生产责任制、安全管理组织机构、安全生产管理法规、安全生产投入、安全生产科学研究等12个影响生产安全领域的风险因素，得出安全生产规划、安全生产控制指标、安全生产管理法规和安全管理组织机构对风险值的影响程度最高[12]。

赵卿对国际工程中的安全教育培训进行了分析，提出围绕 HSE 方针目标建立安全培训指导思想，进行培训的分级，依据施工情况制定教育培训计划和培训内容，采用生动的教育培训方式，注重考核评估及建立培训档案等培训步骤[13]。

彭永铭和王建峰结合巴贡电站工程施工安全研究了国际工程中的安全管理的构成与特点[14]：第一，体制方面——国际工程安全管理的制度与方式是受所在国的法律与社会经济发展约束的。第二，机构设置方面——法律上强制要求业主方到最基层的分包商，都必须设有独立的安全监察与管理部门，独立履行其职责。第三，安全管理方面——一是独立设置安全管理机构，安全管理标准化、程序化，事故控制注重小事管理；二是将安全责任由事故责任拓展为不作为责任；三是达到工程产值的安全投入（安全教育、安全培训、安全咨询、安全类保险等），并由总承包商履行该行为，杜绝了分包商为减少资金投入造成必要安全投入的缺失；四是注重安全（工伤）保险制度。

王守清认为，国际工程项目中，风险管理的重点是成本、进度、质量、健康/安全/环境（HSE）和资源供应等风险[15]。

王宜利结合工作实践分析了国际工程项目中对风险控制防范的基本做法，包括建立、健全各项规章制度，建立适用的组织机构，对工程成套项目实行评审制度，全面实行项目经理负责制，注重人才队伍建设等，但他的研究关注点主要是财务风险[16]。

Beck U 提出，全球风险已经作为世界各国之间一种新的全球相互依存模式，人们共同面对很多风险问题才能求得共同的生存与发展[17]。

刘强、江涌鑫通过实际工程案例建立境外工程项目风险管理的基本框架，分析企业级与项目级风险管理的主要流程与管理控制要点，总结我国企业参与境外国际工程项目风险管理的方法和经验。在此基础上，提出加强风险管理资源的投入和优化配置，同时加强实施执行力度，完善风险管理文件记录体系，加强全员参与和沟通，真正在国际工程市场竞争中做到与国际接轨，取得经济与社会效益，从而提高我国企业在国际工程市场上的可持续发展能力[18]。

孙嘉天和吴景泰根据海外工程项目的风险特性，研究了WBS - RBS方法并应用于海外工程项目风险辨识中的价值，并以海外钻井项目实例进行了应用[19]。

臧子东具体研究了国际石油工程项目风险管理问题，提出国际石油工程项目风险类别包括：政治风险、经济政策风险、地质风险、施工风险、石油市场风险，并指出我国国际石油工程项目目前存在风险辨别意识淡薄、缺乏专业的风险评估机构、风险管理手段单一等问题[20]。

杨素清提出，在国际工程中应正确认识风险，加强对政治局势、经济、自然气候条件、工程项目等方面潜在风险的调查研究，并通过主观努力避免风险，对风险进行分类，做系统分析[21]。

Slovic P E 认为，风险的概念是社会极大关注有关应对现代生活中的危险的产物。他汇集了世界著名风险分析师保罗·斯洛维克的意见，分析了专家意见和公众认知之间的差距。描述了新方法以评估对风险的认识，对监管和社会政策的影响进行了讨论[22]。

涂文博、李远富、严健提出，风险管理过程是对项目风险进行识别、评估和应对的过程。将风险定性分析和定量分析相结合，排列出高概率的项目风险，以便作为国际工程项目风险管理的重点，使项目的风险评价更加有效[23]。

祝显图提出国际工程项目是集经济、技术、管理和组织各方面为一体的综合性活动，伴随着全球经济和科学技术的快速发展，已突破传统单一的工程施工管理范畴，也日益呈现出复杂性和不确定性，全球化的市场竞争，尤其在全球性的金融危机的大背景下，我国企业参与国际工程项目所面临的风险更是与日俱增，同时国际工程是高风险的系统工程，存在着激烈的竞争和复杂的挑战，对中国水电建设集团技术水平、管理水平、融资能力和应变能力等都提出了更高要求，客观上需要加强其风险管理，而国内关于国际工程项目风险管理的研究尚处于起步阶段，对风险识别、估测、评估、监管仍有待进一步探讨，必然相应要求集团提高对国际业务的管控能力，尤其特别需要增强对项目风险的管控能力[24]。

文海鸥认为国际工程项目是指参与主体来自不同国家，并且按照国际惯例进行管理的工程项目。国际工程项目具有合同主体多国性、受国际政治和经济影响大、货币支付方式多样性等特点，国际工程项目的风险比较高，对项目的影响非常大，因此在国际工程项目管理过程中，风险管理是一项非常重要的工作，对项目的成败起到至关重要的作用[25]。

Cole S，Giné X，Tobacman J 等提出了国际工程项目风险管理的重要性和紧迫性，认为对于跨国企业来说，做好风险管理是一项关乎海外作业人员安全、海外工程项目存亡的重要工作[26]。

曹廷伟在其学位论文中提出，随着中国企业在海外市场承揽工程项目的力度不断加大，项目承揽的规模也在不断提升，承包方式越来越多样化，中国企业如何立足于海外市场，打造自己的品牌，除了要在技术、设备等硬件系统方面创新以外，还要在项目管理方面提升自身的软实力。工程项目风险管理指在项目中通过识别风险、分析风险和评估风险的影响，并基于此对风险进行有效控制，以最有效的管理手段，最少的投入来减小风险所带来的损失，以此实现项目安全的最大保障。因此，加强国际工程项目风险管理，是中国企业能够在海外持续发展的基本条件之一。提出了工程项目风险管理的目的及意义，回顾

了国内工程项目风险管理的发展历程及研究现状，全面介绍了工程项目的风险
及工程项目风险管理的基本理论，对国际工程项目风险管理进行重点分析，并
详细阐述了与普通工程项目风险管理的区别。结合实例描述了国际工程项目风
险管理的特征及风险分类，分析了国际工程项目风险管理的方法，包括国际工
程项目风险的识别、分析及评估、风险应对及措施等[27]。

冯硕、高磊提出，随着经济的全球化和科学技术的快速发展，国际工程项
目数量增多，规模增大，综合性、复杂性和技术含量不断提高，另外工程所属
国的政治经济形势、政策法规、地理气候条件、规范技术要求与国内的要求不
同，在项目的不同阶段都会面临不同的风险，本书对国际工程面临的风险进行
分析，并结合一定工程案例对风险因素做出分析，提出应对风险的措施[28]。

唐广莹在文章中提出，对于对外承包企业我国需要加大力度实施项目风险
管理。文中在介绍国际工程承包施工特点的基础上，分析了国际工程承包施工
面临的主要风险，探讨了风险管理的措施，并结合实例进行了论述，以达到有
效管理风险、避免损失的目的[29]。

Bolton P，Chen H，Wang N 就跨国企业海外工程项目的财政风险进行了深
入的分析，建立了一套新的财政风险管理评估模型，并将该套模型应用于几个
国际知名跨国企业中进行财政评估，对于跨国企业海外工程项目的进展起到很
好的保护作用[30]。

1.2.2 国内外对石油企业社会风险管理的研究成果

吕哲研究表明，国际石油合作已成为保障我国经济持续、稳定发展的重要
形式，因此有必要建立一套指标体系，对合作中的政治风险进行评价，以保证
我国石油合作的顺利进行。根据国内外政治风险评价的理论，结合石油合作中
的实际情况，建立了国际石油合作政治风险指标体系，提出了规避国际石油合
作中政治风险的对策和措施[31]。

戴祖旭、舒先林提出，当今世界，国际经济与政治的关联度日益提高，企
业国际化经营政治风险增大。国外跨国石油公司日益加强对政治风险的研究和
监管。近年来，中国三大石油公司跨国经营面临的最复杂、最重大的风险当属
政治风险。为此，有必要通过构建数学模型对风险形成机理、发生概率及其影
响进行实证研究，以期有效预测、识别和监管中国石油企业跨国经营的政治风
险，从而既丰富企业风险管理理论，又科学指导中国石油企业跨国经营实
践[32]。

钟雪飞、陈惠芬为有效地规避中国石油企业海外投资遭受政治风险所带来
的影响与损失，必须对政治风险进行识别和评价。对中国石油企业海外投资的

政治风险进行界定，分析了我国石油企业海外投资面临的政治风险的种类，并对我国石油企业海外投资面临的政治风险进行了评价[33]。

李爽和王勇毅根据风险管理理论，针对大型社会活动安全风险，从人—机—环—管安全系统工程的观点出发，以准确反映大型社会活动的本质特征和事故预防与控制为目标、尽可能量化为原则，提出具有4个一级指标、9个二级指标和24个三级指标的大型社会活动安全风险评估指标体系和评估依据，并对周边环境、人群密度、疏散速度及人群状况指标进行量化分级[34]。

童生、郑馨认为面对日益拉大的国内石油供需缺口，我国的石油供应必然立足于海外市场[35]。中国石油公司如何调整战略进行海外开拓成为关系到国家经济安全和根本利益的重大课题。然而，中国石油公司走出国门的时间还很短，跨国经营的经验不足，面对国际市场复杂多变的政治形势，规避政治风险成为首要而紧迫的任务。分析中国石油公司跨国经营面临的政治风险，并从战略性地选择进入地区、安排合理的股权结构以及提高跨国管理水平三个方面探讨了风险规避措施。

Holzmann R，Jrgensen S提出了一种新的社会风险管理的定义和概念框架。他认为传统区域的概念重新定位在一个框架内，包括三个策略来应对风险（预防、缓解和应对），而他将社会风险的管理形式定义为三个层次。这种扩展社会保障，强调保障基本生活以及推动风险承担的风险管理工具的双重角色[36]。

张倩提出市场经济是一种风险经济，随着现代企业制度的建立、对外开放程度的不断加深，企业所面临的风险也在内容上、程度上不断发展和变化着，如何控制这些风险，并且最大限度地降低其阻碍、破坏作用，已经成为每个作为市场主体的企业的必修课。石油企业具有高风险高投入的行业特点，与其他行业相比，面临的风险将会更大。因此，对于大型石油企业而言，深入开展风险管理研究和搞好风险管理工作，具有重大的意义。基于石油企业的现实状况，在阐述石油企业风险管理必要性的基础上，分析石油企业面临的风险因素，以求为进一步的风险管理和控制打好基础[37]。

Siegel P B，Alwang J针对社会风险管理提出了一种基于资产的方法，它提供了一个集成的方法来考虑社会资产和风险管理策略。社会风险管理的概念框架的重点在资产管理[38]。

王洪华指出，石油企业是我国国民经济发展的支柱产业，关系到国家经济安全等核心战略利益，建立内控制度，不断完善内部控制措施，提高管理水平，规避和化解各种风险，对于保障我国经济和企业自身的发展都具有重要意义[39]。

王晓峰结合石油企业实际情况，分析了影响企业发展的风险因素，从风险指标重要性和风险发生的可能性两个维度进行风险度量，应用层次分析法确定风险评估指标体系中各项风险指标的重要性和风险发生的可能性。遵循 20-80 原则对风险指标重要性和风险发生可能性的度量结果进行分类处理，根据处理结果绘制风险坐标图，依据风险坐标图中各项指标的位置特征进行风险评估、风险分析并提出风险控制策略[40]。

杨清香、王姝认为在利益相关者自我保护意识觉醒的今天，承担社会责任已不再是企业的选择性行为。任何忽视利益相关者利益的行动，都将给企业带来社会风险。归结出决定企业社会风险的五个主要因子，并对各因子如何影响企业社会风险进行了深入分析。最后指出，企业应当建立基于创造"企业与社会价值共享"的战略性企业社会风险管理机制，实现"企业利润"与"社会责任"共赢[41]。

Harrison G W, Lau M I 认为社会风险与个人偏好有关。个人偏好取决于个人对于风险的认识[42]。

1.2.3 国内外对社会风险指标的研究成果

自 20 世纪 60 年代以来，西方研究人员为了评估社会风险高低，提出了许多经济风险指标体系。其中影响比较大的如下。

第一，埃·蒂里阿基安提出的经验指标，包括 a. 都市化程度；b. 性关系的紊乱和扩展趋势；c. 非制度化的宗教现象的增长。他认为，社会是同质的道德的统一体，这些指标代表了社会结构分解的风险，可以作为社会动荡发生或社会风险事故出现的预兆[43]。

第二，Estes 和 Morgan 提出，一国的社会不稳定性程度可以从六个方面进行估量：a. 社会哲学与社会目标在法律、官方文件、政府政策中的体现；b. 该国个人需求水平；c. 可利用的社会资源水平；d. 政治稳定性程度；e. 家庭结构的稳定性及其受到的支持与挑战；f. 文化因素，包括各种历史传统、价值观、风俗习惯和信仰对社会稳定性的作用[44]。

第三，理查德提出，社会风险程度可从以下角度考察：a. 权力集中程度；b. 供求矛盾；c. 资源稀缺程度；d. 家庭结构的稳定性；e. 政治稳定性；f. 传统文化的影响力[44]。显然，他的观点与 Estes 和 Morgan 是一脉相承的。

这些观点，强调文化的作用、强调政治稳定与权力集中的重要性，值得我们肯定和借鉴。但它们存在一个共同缺陷，即将注意力过分集中于定性分析而在一定程度上忽视了定量分析。定性分析的主观性较强，不同的人进行分析时很难得出相同的结论。这就使得运用这些指标进行实际操作时，其分析成果存在太大的主观性，往往会丧失相当程度的说服力。虽然我们也可以采用某些现成的统计指标（例如以盗窃事件发生率考察社会结构的稳定性），或设计一些新的指标（例如以选举中的得票率测算政治稳定性程度），依照他们的理论，刻画社会风险程度及其发展动向，从而做出某些预警，但就现实性而言，其意义并不大。我国学者提出一套"社会统计指标体系"，其中包括社会风险指标的内容，如犯罪率、青少年教育率等。国家计委统计局曾探讨建立反映经济发展规模、人民生活水平、经济社会协调发展程度的综合指标体系，分为四大类30项指标，既包括基本物质需求和文化需求，又包括社会安全保障指标。中国社会科学院社会学所等几家单位承担"七五"期间重点课题"社会发展指标体系"研究，细分出了五大类28项指标，涵盖了经济效益、社会结构、人口素质、生活质量、社会秩序等。国家统计局社会统计司、中国科技促进发展研究中心在对"中国社会发展资料"的摘取中，使用主观指标、客观指标和国际比较指数三种类型进行分析，既重视自身发展指数的设置，又注意了国际社会发展风险指数的参照与传递[45]。

第四，宋林飞教授曾提出"早期社会风险预警社会"，其中涉及四类不同指标：a.痛苦指标：失业率，通胀率，收入增长率；b.腐败指标：渎职方式，受惩干部职务，受惩干部人数；c.贫富指标：绝对收入差距，相对收入差距，贫困线下人口比率，富人致富方式，富人消费方式；d.不安指标：政策变动，激进言论与牢骚指数，怠工指数，骚动指数等[33]。后来宋林飞又根据政治、经济、社会、自然环境与国际环境五个领域对这些指标进行补充和修改，在经济领域增加了企业亏损率、城乡收入差距指标；在政治领域增加了政策后遗症指数；在社会预警方面将犯罪率、离婚率、人口流动率纳入指标体系中，尤其列举出团体犯罪、宗教冲突、民族冲突等严重的警告指标，特别重要的是将自然环境和国际环境的许多问题指标化，重视自然灾害、世界经济的变动、意识形态的对立对社会发展和实际运行状况产生深刻影响，进一步将社会预警指标丰富化，严谨化[32]。宋教授鉴于定量化的困难，直接利用各部门的公开与内部统计指标，又将社会风险监测与报警指标分为七大类40个指标：a.收入稳定性：城乡居民收入增长率；b.贫富分化：城乡、城镇、农民、地区四种类型的收入差距指标；c.失业：失业率及失业保障力度；d.通货膨胀：通胀率及通胀压力；e.腐败：案件人数、变动比率；f.社会治安：犯罪率；g.突发事件：发生频率、发生规模、涉及面等[34]。

1.2.4 国内外对预警理论的研究现状

预警从性质上分为经济预警和非经济预警，从范围上分为宏观预警和微观预警，从时间上分为短期预警和长期预警[46]。

美国统计学家巴布森（Roger Ward Babson）提出了用正常增长线上下繁荣与衰落所占的曲线面积来测定经济波动的宏观经济预警思想[47]；哈佛大学的珀森斯（Warren Milton Persons）主持编制了著名的哈佛指数，哈佛指数在综合 13 个经济指标信息的基础上，根据在变动上的时间差异关系分别编制为投机指数（A 曲线）、生产量及物价指数（B 曲线）和金融指数（C 曲线）[48]；美国学者雷特在《风险的不确定性》一书中首次提出了风险预警的思想，拉开了经济风险评价的序幕。在此后利用哈佛指数对 20 世纪 20 年代末期大危机的预警失效后，美国经济界开始对经济预警的相关理论进行了反思，并开始真正将预警思想应用到经济运行分析中。

美国经济学家穆尔首次提出了一种多指标的分析方法——扩散指数法（Diffusion Index，DI），DI 由先行、同步、滞后三类指数构成，以宏观经济综合状态为测度对象[49]。由 DI 构成的经济监测系统是现代经济预警系统的一个里程碑，引导了多指标综合分析方法的研究热潮。美国经济学家希斯金提出了另一种多指标分析方法——合成指数法（Composite Index，CI）[50]。此后 DI 和 CI 成为宏观经济预警中的两个基本方法，对后来经济监测预警系统的构成产生了重大影响[51]。

后来，经济预警理论已相当成熟，在全球信息化的推动下，经济预警也出现了国际化的预警系统，如以美国、加拿大、法国、英国、德国、意大利、日本七个发达国家为基础的国际经济指标系统（International Economic Indicator System，IEI）[52]。

目前，由哥伦比亚大学国际经济循环研究中心演变而来的美国经济周期研究所（ECRI），建立了包括美国、中国等在内 10 多个国家的经济监测指标体系，世界大型企业联合会（The Conference Board）也建立了西方七国和墨西哥、韩国、西班牙等国家的经济监测指标体系，在经济预警方面发挥了较好作用[53]。

美国将预警理论应用于管理领域，并迅速拓展到了其他领域，如国家关系、国际政治、自然灾害等领域。相继出现了战略风险管理[54]、基于风险价值的资产评估[55]、对待风险的个体差异[56]等研究，但其研究内容主要是风险事件发生后如何应对和摆脱危机的策略问题，对于风险的成因、发展过程则缺少机理性分析[57]。20 世纪 90 年代后，美国[58]、英国[59]、日本[60]等风险管理理论研究进一步发展，极大地推动了预警理论从定性为主到定性与定量相结合、从点预警向全面预警转变的过程[61,62]。

由于国情限制，中国对经济预警系统的研究起步较晚，20 世纪 80 年代中期才开始研究预警理论，主要借鉴国外的经济发展理论和经济波动理论。从整体上看，国内经济预警的研究与应用经历了一个从宏观经济预警到微观预警、从定性为主到定性与定量相结合、从点预警到全面预警、从线性预警到非线性预警的过程。

预警理论在国内的发展也经历了一个长期的过程。1987 年，在东北财经大学召开了全国第一次宏观经济预警研究讨论会；1988 年，国家信息中心经济信息部与吉林大学系统工程研究所共同研制的经济景气监测系统投入试运行；1989 年，中国开始每月发布经济景气监测预警指数；1990 年，国家统计局综合司建立的中国宏观经济监测和预警模型开始正式运行；1997 年，中国建立了经济景气监测中心，其主要职能是为公众提供经济和社会景气监测研究报告及信息咨询服务。在学术研究方面。毕大川教授等对中国宏观经济周期波动问题从理论到应用进行了全面研究[63]；顾海兵教授等人对粮食生产预警系统进行了研究，并对预警理论进行了新的探索和发展；陶骏昌教授系统地阐述了农业预警的理论基础、基本原理和方法以及农业系统预警的一般过程[63,64]。

佘廉教授是国内较早提出企业应该建立预警管理系统思想和理论的管理学者，相继提出了企业逆境的预警管理模式、企业管理波动的预警管理模式、企业管理失误的预警管理模式以及企业危机的预警管理模式等理论，拓展了微观经济预警的应用；谢科范教授提出了"企业生存风险"思想和"技术创新风险"思想，他的研究更多是侧重于企业的全面风险研究，而不仅仅包括企业危机阶段，还囊括了企业所面临的更微观方面的风险预警和防范措施[65]；胡华夏从企业生存风险的角度研究了企业预警系统的建立[66]；罗帆等基于系统非优理论和预警管理原理，探讨了民航交通灾害预警管理的指导思想、工作内容、运转模式与操作程序[67]；王超对交通灾害中的载运工具致灾机理及其预警管理系统进行了深入研究[68]；高凤彦等通过对铁路交通灾害预警管理系统构建目标及原则的分析，给出了铁路交通灾害预警管理活动的基本模式，并着重阐述了其工作流程[69]；罗云等提出了实施安全风险预警的具体方法，选用危险态作为预警要素，通过对所有预警要素的实时监控，将监控结果进行综合评价，以警示色的形式发出预警信号，提示相关部门采取防控措施[70]。在非经济领域，预警理论和方法基本是借鉴了经济预警的理论和方法，同时结合各微观领域自身的运行特点，在企业预警管理，铁路、航空等具有重大影响的领域进行了初步拓展。

林奇凯、刘海潮、梁虹提出随着城市社会风险事件日渐增多，需要完善相应预警机制。针对当前宁波市社会风险预警管理现状及其存在的主要问题，主动建立健全基本的社会风险预警管理机制。通过国内相关经验对比分析可知，一套完整的风险管理机制应当包括基本的风险预警体系、完善的预警过程分析、明确的预警责任监控机构和先进的社会风险预警技术[71]。

刘年平在论文中提出灾害防治的预警思想源远流长，但直到 20 世纪 50 年代才在军事和经济方面形成一定的理论体系。在军事方面，西方国家感觉受到战争的威胁，投入极大的人力、物力和财力研究卫星、雷达等监测设备，以期能提前掌握敌方的异常举动，判断可能出现的攻击情况，以便尽早采取措施，这一措施在军事战备中取得了极大的成功。受军事预警的启示，预警思想开始应用在诸多领域中，如经济领域中的财务预警、房地产预警、企业预警管理等；社会领域中的人口预警、食物安全预警、劳务预警等；自然灾害方面的地震预警、台风预警、水安全预警等；环境领域中的气象预警、干旱预警、生态环境预警等各个领域。预警思想在这些领域的应用取得了较好的效果，为人类的防灾减灾做出了巨大的贡献[72]。

刘凯结合多年港口实际工作经验，从港口安全生产管理的需要出发，提出一种港口安全生产预警管理系统，旨在监测、诊断和预控多种港口安全事故，以期能为港口安全管理工作提供一种操作性强、具备实际运用价值的安全管理新模式[73]。

杨霖针对上市公司生产经营过程中所面临的财务风险提出一套预警模型。加强上市公司财务风险预警，使上市公司管理层能够采取有效措施改善经营管理，防范财务风险，对于保护上市公司的经营成果和投资者与债权人的权益具有重要的现实意义。采用了统计方法中的多元判别分析和主成分分析法，建立了上市公司财务风险预警模型，为上市公司财务风险管理和预警提供了一种科学而可行的研究方法[74]。

刘昆、汤成兵根据石油石化企业安全生产的实际情况，按照 HSE 风险管理理论和技术的要求，对钻探工程有限公司开展 HSE 安全生产信息化平台建设进行了调研和分析。并将计算机流程控制技术引入安全生产信息化建设中，实现工作流技术在 HSE 安全监管中的应用[75]。

余光辉、陈天然、周佩纯通过案例调研，研究了环境群体性事件的原因和特点，构建了环境群体性事件预警指标体系，探讨了每个指标的设置原因、作用与影响范围，最后建立了环境群体性事件背景值与环境事故指标相互结合的双层预警模型。研究结论为管理和调控环境群体性事件提供科学依据[76]。

唐纳森·托马斯指出，系统性的风险存在于相互依存的很多事件中，它们都具有很强的相关性，所以决策者做好风险预警管理工作，才能在高度竞争的环境中占有有利地位[77,78]。

Pozzi Will, Sheffield Justin, Stefanski Robert 针对全球性的干旱问题提出了一个预警系统，从多方面角度考虑制定了预警系统构建的技术框架[79]。

Cressman，Keith 建立了沙漠绿化预警和防控系统，对沙漠降雨量、绿色植被量、蝗虫覆盖量等因数进行数据管理和分析，构建了沙漠绿化监测和防控预警系统[80]。

Lagomarsino D，Segoni S，Fanti R. 基于对降雨引发山体滑坡的相关风险管理研究基础上进行了预警系统开发的改进。该预警系统基于一套空间变量的降雨阈值，统计分析得出对于山体滑坡产生重大影响的主要因素，建立了一套完善的预警系统[81,82]。

刘香兰、赵旭升、董桂刚建立了一个基于计算机系统的早期煤矿瓦斯预警系统。在进行预警管理研究的过程中，将软硬件相结合，搭建了预警过程的逻辑框架，设计了软件和预警系统的硬件结构，为今后的瓦斯预警管理提供了理论和软件的支持[83]。

1.2.5　国内外对预警模型的研究现状

预警的模型是依据预警对象的演化规律[84]，基于已经构建的预警指标体系，利用所建立的预警模型对系统的运行状态和趋势进行分析、预测、评判的一种方法[85]。预警模型是预警管理的核心[86]，国内外学者的研究大都集中在这一领域，并取得了丰硕的成果。研究表明，经济领域方面的预警模型研究得最为深入[87]，比较成熟，其他很多行业的预警模型都是基于经济预警模型而发展出来的[88]，所以，本书所研究的石油涉外企业社会风险预警管理模型也可以对此进行借鉴。目前主要预警模型有 30 多种[42,89-91]，其中几种具有代表性的预警模型的主要原理及特点如表 1.1 所示。

表 1.1　　　　　　　　　　　各类预警模型

模型名称	主要原理及特点	提出人及时间
主 成 分 分 析 法（PCA）	利用降维的思想，主要用于预警指标的筛选，指标权重的计算	Karl Pearson 于 1901 年提出
判 别 分 析 法（DA）	采用多个指标作为自变量，并依据已有的样本作为统计分析的依据，通过分析已有样本的规律寻找待检样本的状态	Altman 首次应用
人工神经网络法（ANNS）	模仿人脑思维，具有自我学习、自我调整的能力，在预警指标历史数据较少，指标间具有非线性相互作用时具有较好的应用效果	McCulloch 和 Pitts 于 1943 年建立了神经网络和数学模型；1957 年 Rosenblatt 提出了感知器模型

续表 1.1

模型名称	主要原理及特点	提出人及时间
系统动力学（SD）	能处理非线性、高阶次、多变量、多重反馈的系统问题，可采用定性与定量的方法解决复杂问题	J. W. Forrester 于 1956 年创建
支持向量机法（SVM）	基本思想是通过某种事先选择的非线性映射将输入向量映射到一个高维特征空间，在这个空间中构造最优分类超平面。最优超平面使每类距离超平面最近的样本到超平面的距离之和最大	Vapnik 等人于 1963 年提出
模糊综合评判模型	该综合评价法根据模糊数学的隶属度理论把定性评价转化为定量评价，具有结果清晰、系统性强的特点，能较好地解决模糊的、难以量化的问题，适合各种非确定性问题的解决	L. A. Zadeh 于 1965 年提出了模糊集合理论
自回归滑动平均模型（ARMA）	是一种准确度比较高的短期预测方法，适用于各种类型的时间序列	Box 和 Jenkins 于 1968 年提出
层次分析法（AHP）	定性问题定量化处理，常用来处理多目标决策问题。在预警系统中可以用来对警兆指标进行排序、筛选及权重分配	A. L. Saaty 于 20 世纪 70 年代提出
风险价值模型（VAR）	在一定的置信水平下研究未来的风险，将线性模型与非线性模型有机结合起来	Sims 于 1980 年提出
Logistic 回归模型	通过选择样本和定义变量进行描述性统计及指标检验，根据检验结果进行变量间的相关性分析	19 世纪 80 年代提出
自回归条件异方差模型（ARCH）	从统计上提供了用过去误差解释未来预测误差的一种方法，可以处理非线性问题	Robert Engle 于 1982 年首次提出
灰色预测模型（GM）	用等时距观测到的反映预测对象特征的一系列数量值构造灰色预测模型，预测未来某一时刻的特征量，或达到某一特征量的时间	邓聚龙于 1982 年提出

续表 1.1

模型名称	主要原理及特点	提出人及时间
粗糙集法（RS）	能有效地分析不精确、不一致、不完整等各种不完备的信息，还可以对数据进行分析和推理，从中发现隐含的知识，揭示潜在的规律	Z. Pawlak 于 1982 提出
基于概率的模式识别（MR）模型	把未知警度的新预警样本与已知警度的预警标准样本进行比较辨别，从而确定新预警样本所归属的预警模式类别	Mottl 于 1983 年提出的模式识别原理
可拓模型（ET）	建立物元模型，通过各种变换去寻求事物矛盾的内在机制	蔡文等于 1983 年提出
STV 横截面回归模型	使用指标数据作为横截面数据，然后做线性回归。该模型的指导思想是寻求哪些国家最有可能发生货币危机，而不是分析什么时候会发生货币危机	由 Sachs，Tornell 和 Velasco 于 20 世纪 90 年代研究建立
概率模型（FR）	通过对一系列前述指标的样本数据进行最大对数似然估计，以确定各个引发因素的参数值，从而根据估计出来的参数建立用于外推估计风险的大小	Frankel 和 Rose 于 1997 年提出
KLR 信号分析法	运用历史数据进行统计分析，确定先行指标，然后为每一个选定的先行指标根据历史数据确定一个安全阈值，当某个指标超过阈值就意味着该指标发出了一个危机信号，危机信号发出越多，风险越大	Kaminsky、Lizondo 和 Reinhart 于 1998 年创立

1.2.6 现有研究成果评价及本书研究方向

社会风险预警的相关研究已经取得很大的进展，从较为笼统的风险研究发展为较为细致的各类风险细化研究，由单纯的定性分析研究发展到进行大量数据演算的定量实证研究，为后续研究提供了可供借鉴的依据。但在梳理现有研究的过程中，发现尚有以下几点不足，并结合实际确定了本书的研究方向。

第一，目前针对跨国企业海外工程项目面临的风险研究已经初步形成一定成果，对于社会风险指标体系的研究也有多种观点，但是专门针对石油涉外企业社会风险的研究却较少，而这个问题又是我国石油涉外企业面临的越来越突出的问题，社会风险对于石油涉外企业的影响已经产生越来越大的危害。所以针对石油涉外企业社会风险的研究成为势在必行的趋势。

第二，目前对于石油企业的风险研究已经形成一定成果，但是多是较传统风险预警评价的方式。而作为战略性储备物资、严重紧缺型资源，石油的占有量是与国家利益、民族利益、民生问题、经济生活问题等紧密相关的重要资源。目前考虑石油涉外企业的海外业务开展问题，不仅仅是基于经济利益的考虑，而应该综合考虑企业、国家、民族的重大利益。

第三，目前针对社会风险指标体系的研究，多是针对某个国家或某个社会体制提出的，而石油涉外企业面临的是整个世界环境下的大风险大格局，所以基于全球视角融入国际政治学、国际经济学、国际法学等相关学科内容而设计石油涉外企业社会风险指标体系是目前研究的前沿问题。

第四，目前学术界针对风险预警管理的理论体系已经较为成熟，但是很少有针对某个企业的不同阶段的相应特点进行的分阶段预警管理体系。本书将针对石油涉外企业的特点，将社会风险预警管理进行分阶段分步骤的预警管理方式，针对不同时期提出不同的预警评价分析模型，能够更好地做好石油涉外企业的社会风险预警管理工作。

第五，目前学术界已经提出的风险预警评价的模型已经较为成熟，但是专门针对石油涉外企业社会风险的却较少，能够直接得到社会风险事件发生频次与社会风险预警等级之间线性关系的模型这种易于操作和分析的模型更是极为少见。本书针对石油涉外企业的特点，基于世界大格局建立的指标体系，将建立一套完整的数学模型进行预警评价。将回归分析运用到石油涉外企业社会风险评价体系中来，并且针对一些影响力超强的指标做异点分析，可以很好地准确地评价出石油企业面临的社会风险；运用核 Fisher 判别分析做风险预警管理，可以对石油涉外企业有效规避社会风险产生的恶性影响产生很好的指导作用。两个模型分别运用于企业投产前和投产后两个不同阶段。

1.3　研究内容方法与框架

1.3.1　研究内容

第一，丰富社会风险预警管理理论。分析我国石油涉外企业面临社会风险的主要表现和原因，并引入风险偏好的概念，详细阐述针对石油涉外企业的特点，社会风险区别于其他风险的重要差异，更加明确了本书研究的重大现实意义；同时，对国内外对于石油涉外企业社会风险预警管理的相关研究情况进行综述，奠定了研究基础并进一步阐明研究的方向。

第二，建立石油涉外企业社会风险预警理论框架。对风险、社会风险、预警、社会风险预警、石油涉外企业社会风险预警特殊性原理等相关理论进行研究，从国际政治学、国际经济学、国际法学等多角度丰富社会风险管理理论，将企业风险偏好概念应用于石油涉外企业社会风险预警管理中，详细阐述石油涉外企业社会风险的特点，针对石油涉外企业的特殊性，建立起高角度、高视野、有特点的社会风险预警管理理论。基于深入的理论研究，得出一套完整的社会风险预警理论框架，对后面的研究起到了很好的指导作用。

第三，建立石油涉外企业社会风险预警管理指标体系。运用文献分析法和频次统计法建立石油涉外企业社会风险预警管理指标体系，针对石油涉外企业的社会风险特征设计调查问卷，运用实地调研法对指标体系进行第一轮修改，根据修改后的指标体系再次设计调查问卷，运用 Delphi 法邀请专家组对指标体系进行两轮修正，确定最终的石油涉外企业社会风险预警评价指标体系。

第四，建立石油涉外企业社会风险预警评价模型和预警分析模型。根据石油涉外企业在计划向新的石油原产国家或地区投产前和已经在某石油原产国家或地区投产后两个不同阶段的特点，构建石油涉外企业社会风险预警评价模型和预警分析模型，并且分阶段融入风险偏好的相关理论，对于石油涉外企业是否"走出去"、何时"走出去"、如何"走出去"、何时"撤回来"等相关决策提供很好的理论支撑。

第五，以中国石油长城工程钻探工程有限公司为案例进行实证分析。搜集大量数据运用分阶段社会风险预警评价和预警分析模型进行分析，在不同风险预警等级下采取相应的策略。并以长城公司为例，制定一套针对于石油涉外企业的从上至下完善的社会风险评价预警管理系统，并提出相应的社会风险预警管理对策与措施。

1.3.2　研究方法

第一，理论研究和实证研究相结合。石油涉外企业社会风险预警管理的理论目前尚不成熟，完善石油涉外企业社会风险预警管理的理论具有十分重要的意义。在研究过程中，十分注重理论研究，通过对石油涉外企业社会风险现状的综述，基于风险管理理论、预警管理理论、指标体系建立方法等理论的研究成果，构建出石油涉外企业社会风险评价及预警管理理论模型。本书在研究过程中还十分注重实证研究，以石油涉外企业海外工程项目社会风险情况调查问卷、国际重要媒体对主要石油原产国社会风险时间报道的频次统计和石油涉外企业海外工程项目发生的社会风险事件统计数据为分析基础，研究了影响石油涉外企业社会风险的具体因素，并以事件统计数据为印证，建立了分析其现状的评价方法。通过这两种研究手段，使得本书的研究结论既能够产生具有理论创新的成果，又能够与石油涉外企业社会风险管理实践紧密结合，提高了研究成果的创新性与实用性。

第二，文献分析与调查研究相结合。在研究过程中参考了大量国内外学者关于社会风险及预警管理研究、石油涉外企业社会风险指标体系研究、石油涉外企业预警能力研究、风险评价研究等方面的参考文献，在对这些理论及文献进行综合分析的基础上提出了所要研究的问题——石油涉外企业社会风险预警管理的理论基础；为使研究结论贴近石油涉外企业社会风险预警管理的实践情况，作者还就本书相关研究主题与中石油下属的数个涉外项目承建公司进行了深入调研和座谈，并与不同层级的风险管理部门、企业主抓风险管理的领导、基层班组长以及普通职工进行信息沟通，得到了大量有价值的社会风险调研信息和企业周报等相关资料数据。通过以上做法，将研究理论、文献综述与社会风险管理实践紧密结合在一起，提高了本书研究成果的科学性与适用性。

第三，定性分析与定量研究相结合。在研究过程中使用了定性分析与定量研究相结合的研究手段。对于难以定量研究的部分，主要通过定性分析来研究，如对石油涉外企业社会风险管理的特点、内涵的分析等；同时，定性分析的结论需要与定量分析相结合，两者才能相互印证，更具有说服力。因此本书通过运用统计及数学模型等手段，对石油涉外企业社会风险预警评价及预警分析进行了定性加定量研究，提高了研究成果的精确性与可信性。

使用的主要定量方法及模型有：核主成分回归分析法——应用于石油涉外企业投产前社会风险预警评价模型中；核 Fisher 判别法——应用于石油涉外企业投产后社会风险预警分析模型中。

第四，宏观视角为主，兼顾微观考量。石油涉外企业社会风险预警管理在本质上是一个微观问题，涉及具体的企业、公司或集团，但是，从事石油涉外经营的企业，无论大小、地域、管理风格、经营理念等差异，都面临着一些共同的风险。本书的讨论以宏观视角为主，但同时又探讨了企业在风险预警中遇到的一些具体的问题和面临的挑战，努力做到有点有面、点面结合。

1.3.3 本书框架及技术路线

本书的逻辑框架及技术路线如图 1.3 所示。

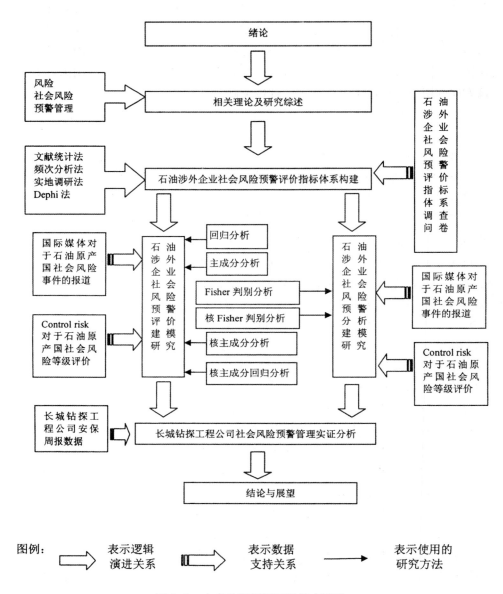

图1.3　本书的逻辑框架及技术路线

本章小结

以当前世界能源格局以及中国石油涉外企业走出国门的管理实践中所面临的社会风险问题为研究背景，在此基础上提出了石油涉外企业开展社会风险管理的必要性和重大意义。介绍了本书将运用的相关理论和研究的切入视角，界定了本书的研究范围，阐述了本书的选题意义及价值，说明了本书写作目的。将风险偏好理论引入，并且确定了全球性高视角的研究基础。对国内外关于石油涉外企业的社会风险预警管理等相关研究进行了综述，基于目前国内外对于该方向的研究，指出本书待实现的理论突破与创新方向。

第2章　石油涉外企业社会风险预警管理框架研究

本章深刻阐述并分析了石油涉外企业社会风险预警管理的相关理论。基于对风险与社会风险、预警与社会风险预警的理论和特点的深入研究，提出了石油涉外企业社会风险预警管理的特殊性原理。将国际政治学、国际经济学和企业社会风险偏好理论融入石油涉外企业社会风险预警管理的特殊性原理中，深刻分析了石油涉外企业应基于国际视角、放眼长远利益、肩负国家民族使命而勇于走出国门的理念，明确了石油涉外企业应进行海外投产前、海外施工后分阶段的社会风险预警评价和预警分析方法。针对石油涉外企业社会风险预警管理的特点，提出了石油涉外企业社会风险预警管理的理论框架。

2.1　风险与社会风险

2.1.1　风险概念的起源

风险的意识是伴随着人类的产生而产生的。中国自古以来就有很多对于风险思想的启蒙探索。古代早期社会的占星术、预言、龟卦等就是以原始质朴的方式来表达人们对未来生活不确定性的忧虑，而中国古代文学中和西方古典故事中对于未来不确定的忧虑有很多的描述。所以可以说，风险本身是人类社会实践活动的产物，虽然产生原因、表现方式和社会效应不同，但是它客观存在于人类社会发展的各个阶段。

以反思现代性研究著称的英国社会学家安东尼·吉登斯从词源的角度对风险的概念做了考证和分析。他指出："'风险'这个词是通过西班牙语或葡萄牙语传入英语中的，他们用风险这个词来指代航行到未知的水域。"通过词源的分析，吉登斯认为风险的内涵"与可能性和不确定性概念是分不开的"。以对风险社会的开创性研究而著称的德国学者乌尔里希·贝克与吉登斯一样，将风险视为一个现代概念，认为风险是伴随着现代性的发展而被发明出来用以刻画社会未来发展前景的不确定性和可能性的一个概念。它具有不确定性和损失性的特征：一方面，在一定时期内人们对客观事物的认知能力是有限的，所以人们对风险的把握和预见就不可能完全正确；另一方面，风险是一个预期性概念，客观存在的损失性只有可能性，没有必然性，因而风险就具有不确定性特征；损失性揭示风险中"险"的内涵，没有损失性，也就无所谓风险[92]。贝克认为风险是一种应对现代化本身诱发并带来的危机与不安全的系统方法。与以前的危险不同的是，风险是具有威胁性的现代化力量以及现代化造成的怀疑全球化所引发的结果。风险及其结果在政治上具有反思性。风险社会的概念指现代性一个阶段。在这个阶段，工业化社会道路上所产生的威胁开始占主导地位。而吉登斯把风险社会视为现代性的一种后果，提出风险社会是由于新技术和全球化所产生的与早期工业社会所不同的社会特性，并直接全面地将风险分为外部风险和人为风险，在强调人为风险时，他提出了著名的"现代性的自反性"。

可见，风险的概念伴随着人类的产生而产生，也必定伴随着人类的进步而发展，人类在风险研究的道路上从未止步，对于风险概念的探讨、风险特点的总结、评价风险方法的选择、应对风险措施的制定、风险预警管理方案的设计等风险相关理论实践的研究不断地发展完善。

2.1.2 风险概念的内涵

风险是什么？作为人类历史上自古便出现的这一名词，目前学术界对其内涵并没有统一的定义，不同的学者对于风险的概念有着不同的介绍，是由于大家对于风险的理解和认识程度、对于风险研究的角度等方面存在不同，但可以归纳为以下几种可以借鉴的代表性观点。

2.1.2.1 风险内涵相关研究

（1）风险是事件未来可能发生结果的不确定性

A. H. Mowbray 提出风险的核心即为不确定性[93]；March 和 Shapira 同样认为风险是事物可能结果的不确定性，可由收益分布的方差测度[42]；C. A. Williams 对风险做出了"在给定的条件和某一特定的时期内，未来结果的变动"的定义；Brnmiley 认为风险是公司收入流的不确定性[94]；Markowitz 和 Sharp 等将证券投资的风险定义为该证券资产的各种可能收益率的变动程度，并用收益率的方差来度量证券投资的风险，通过量化风险的概念改变了投资大众对风险的认识。由于方差计算的方便性，风险的这种定义在实践中得到了广泛的应用[95]。可见，不论从那个方面来讲，对于未来可能的发生结果的不确定性，是风险概念的重要内涵。对于同一个事件，由于多种不同因素的作用会导致无数种可能发生的结果，而且结果的不确定性便是事件所面临的风险。

（2）风险是损失发生的不确定性

J. S. Rosenb 将风险定义为损失的不确定性，F. G. Crane 认为风险意味着未来损失的不确定性。Ruefli 等将风险定义为不利事件或事件集发生的机会。对于风险是损失发生的不确定性，可以从主观学说和客观学说两类分别进行理解。主观学说认为损失发生的不确定性是个人对客观事物的主观估计，它是基于个人心理上和主观上的一个观念，无法用客观的数据进行衡量的一种概念。而客观学说则是认为风险事件是可以以其客观存在为前提和基础，用数学和统计学的概念进行定义，进而用客观的尺度度量损失发生的不确定性。

（3）风险是指可能发生损失的损害程度的大小

段开龄认为，风险可以引申定义为预期损失的不利偏差，这里的所谓不利是指对保险公司或被保险企业而言的。例如，若实际损失率大于预期损失率，则此正偏差对保险公司而言即为不利偏差，也就是保险公司所面临的风险。Markowitz 在别人质疑的基础上，排除可能收益率高于期望收益率的情况，提出了下方风险的概念，即实现的收益率低于期望收益率的风险，并用半方差（Sernivaviance）来计量下方风险。

（4）风险是指损失的大小和发生的可能性

朱淑珍把风险定义为：风险是指在一定条件下和一定时期内，由于各种结果发生的不确定性而导致行为主体遭受损失的大小以及这种损失发生可能性的大小，风险是一个二位概念，风险以损失发生的大小与损失发生的概率两个指标进行衡量[96]。王明涛把风险定义为：所谓风险是指在决策过程中，由于各种不确定性因素的作用，决策方案在一定时间内出现不利结果的可能性以及可能损失的程度。它包括损失的概率、可能损失的数量以及损失的易变性三方面内容，其中可能损失的程度处于最重要的位置[97]。

（5）风险是由风险构成要素相互作用的结果

风险因素、风险事件和风险结果是风险的基本构成要素，风险因素是风险形成的必要条件，是风险产生和存在的前提[98]。风险事件是外界环境变量发生预料未及的变动从而导致风险结果的事件，它是风险存在的充分条件，在整个风险中占据核心地位。风险事件是连接风险因素与风险结果的桥梁，是风险由可能性转化为现实性的媒介。根据风险的形成机理，郭晓亭、蒲勇健等将风险定义为：风险是在一定时间内，以相应的风险因素为必要条件。以相应的风险事件为充分条件，有关行为主体承受相应的风险结果的可能性[99]。叶青、易丹辉认为，风险的内涵在于它是在一定时间内，由风险因素、风险事故和风险结果递进联系而呈现的可能性[100]。

本书认为，尽管各个领域对风险的成因和应对态度以及方式观点不尽相同，但是有两点是风险概念不可回避的：损失和不确定性。风险大致有两种定义：一种定义强调了风险表现为不确定性；而另一种定义则强调风险表现为损失的不确定性。第一种观点中只是提出风险表现为不确定性，那么这种不确定性表示带来的不仅是损失或者危害，带来的也有可能是利益抑或一种中立状态，这是一种广义的风险。而对于第二种定义，认为风险是损失的不确定性，将风险的定义固定于损失中，则代表其中并不存在利益或好处，这种风险定义是一种狭义的风险。

2.1.2.2 掌握风险内涵应理清的关系

要深刻把握风险的内涵，必须首先理清风险与其他相关概念的关系。具体如下。

（1）风险与损失

损失是指事件发生不利状态的结果，对风险的任何定义方式都无法与损失这一因素割离开[101]。如果未来可能发生的结果不会造成任何损失或不会出现任何不利状态，则无论时间的不确定性有多大，该事件都不会构成风险事件。与此同时，风险又只是损失的可能，是潜在的，而非直接的。风险在事件发生以前就已产生或存在，若损失没有发生，则风险只是潜在的可能性。若损失实际发生，风险的不确定性就转为确定性。

（2）风险与危机[102]

风险是指发生对组织不利事件的可能性。对风险防范不善，造成的危害达到较大程度时，危机就会发生，也就是说，风险的存在是导致危机发生的前提。如果组织对风险进行有效的评估和管理，便可防范危机的发生，如果对各种风险熟视无睹，或者对于已经认识到的各种风险不采取有效的措施，今天的风险就会演变成明天的危机[103]。因此，危机与风险的区别可以概括为两点，首先，风险是危机的诱因；其次，并非所有的风险都会引发危机，只有当风险所造成的危害达到一定程度时，才会演变为危机。

（3）风险与不确定性

不确定性是与风险联系最紧密的概念，有些学者认为不确定性是一个比风险更普遍、更基础、更根本的概念，风险都是来自不确定性[104]。尽管如此，风险和不确定性也存在着明显的区别。风险是不能确定地知道，但是能够预测到未来有可能出现的状态，而不确定性意味着不但不能确定地知道，也不能预测到未来会是什么状态[105]。

2.1.3 社会风险的内涵

迄今为止，学术界对于社会风险的内涵存在多种看法，尚无一个统一的定义，因为人们总是在从不同的角度考察社会风险，服从于各自的研究目的。各方学者仁者见仁，智者见智，每种定义都有其合理之处，但同时也存在着不同的局限性。针对不同领域、不同环境，社会风险研究不同的范式定义必然存在不同，比如社会风险研究的技术经济范式着重于社会风险的评估。而社会风险研究的社会理论范式则着重研究社会风险对社会结构和社会运行的影响[106]。与此同时，随着人类社会的发展在不断变化，以往社会中被视为社会风险的因素在当前社会可能更加强化，或已经弱化，或根本不复存在，新的社会风险因素也在不断地孕育、产生。这种变化与人类社会复杂精细化的发展趋势以及人类控制社会的能力直接相关[107,108]。

综合各方观点看，风险的社会层面即是社会风险[109]，社会风险可以从狭义和广义两个角度来理解。狭义的社会风险是与政治风险和经济风险相区别的一种风险，是"所得分配不均、发生天灾、政府施政对抗、结社群斗、失业人口增加、生产成本大幅上升、外汇枯竭、货币大幅贬值等因素发生的风险"[108]。广义的社会风险是指由于经济、政治、文化等子系统对社会大系统的依赖，任何一个领域内的风险都会影响和波及整个社会，造成社会动荡和社会不安，成为社会风险。社会风险是一种导致社会冲突，危及社会稳定和社会秩序的可能性，更直接地说，社会风险意味着爆发社会危机的可能性[110]。一旦这种可能性变成了现实性，社会风险就转变成了社会危机，对社会稳定和社会秩序都会造成灾难性的影响。本书对于社会风险的研究就是基于广义的社会风险的视角开展的。

2.1.4　现代社会风险的表现

现代化的进程是在社会诸领域全方位展开的，现代化催生的社会风险在社会各领域都有明确而各异的表现[111]。高度发达的社会分工使社会领域不断细分，社会状况日趋复杂，社会风险日益多样化[112]。当前，人类面临的社会风险主要表现在政局不稳、经济动荡、生态恶化、战争威胁、恐怖主义等几个方面。

（1）政局不稳

与前代社会相比，现代社会的民主政治已经发展到一个很进步并且优越的程度，政治体制更加完善、法制更加健全，但是有一点是无法超越前代社会的，那就是在社会政治、国家政权的稳定性上。在前现代社会中，社会制度处于落后的世袭制度，社会秩序虽然僵化，但是却可以保持长期的稳固，政治风险发生频率不高。随着社会的发展，进入现代社会后，国际交往日益频繁，国内政治风险和国际政治风险发生日益频繁。在现代社会中，不断衍生出很多新的社会阶层，当新的社会阶层导致新的政治格局出现时，利益冲突不断增加，其结果便是不断激化社会矛盾，带来新的社会风险。特别是在经济迅速发展的当今世界，大多数国家都产生了越来越大的贫富差距，这无疑给社会和人民带来很大的损害。同时，国际上的经济发展不均衡和全球化经济浪潮无疑在世界范围内带来了国际政治格局的调整，极权主义、单边主义、领土主权之争、颜色革命风潮等，都在动摇着国际政治格局的稳定性，使得这种不稳定性在国际一体化进程中迅速地扩散到世界各国。当我们研究石油涉外企业面对当代社会现状所遇到的社会风险时，政治的稳定与否成为相当重要的一个因素。

（2）经济动荡

当今时代，无论是国内经济还是国际经济，都在经历着全球化过程中最为深刻的变革，作为全面全球化的先导，经济领域无疑是全球化程度最深的领域，市场经济在全球化范围内得以扩张和立足[113]。但是，与国际贸易一体化和国际资本自由化的趋势不同，市场经济体制确立和完善的进程在整个世界范围内是极不平衡的。这种不平衡在很大程度上容易产生经济上的冲突，而这种冲突造成了极为频繁并且后果严重的巨大风险。目前，发达国家的产业体系和市场经济制度已经非常完善，外部的经济风险对其来说，已经可以很好地抵御和控制，并不会对其造成影响。但是对于处在经济改革期和探索期的发展中国家来说，并不具备像发达国家那样强大的自身协调能力，也不具备足够的优化发展的空间，所以国际范围内的经济风险对于发展中国家的经济会产生较大的影响，甚至可以造成摧毁性后果。虽然 WTO 的成立对于发展中国家的经济起到一定的保护作用，但是它并没有彻底取缔贸易壁垒，更没有消除贸易保护主义。所有国家在进行对外贸易时，都会处于对自身利益的保护而采取各种限制政策，这便造成了国际贸易冲突不断、国家贸易争端层出不穷。在世界经济范围内，这种贸易保护会造成很大风险，甚至当规模较大的贸易冲突发生时，会给一个国家或地区的某些相关产业带来灭顶之灾，造成巨大的经济风险。另外一种重要的经济风险是金融危机。目前，世界金融体系是一个错综复杂的金融网，多数国家都实行本国货币与美元挂钩的汇率政策，可谓牵一发而动全身。当金融危机爆发时，全球的经济都会发生大规模动荡，导致国际游资横冲直撞、全球债务结构日益恶化、金融性资金交易量巨幅增加、出现大量的泡沫经济和各国货币大幅度贬值等，同时会伴随大量企业倒闭，连带伴随失业率提高，很容易引发社会动荡及政治危机。

（3）战争威胁

人们曾经一度认为，现代性秩序给世界带来的是和平。但是，正如我们看到的，人类历史上的 20 世纪写满了战争。很多国家依然不疲于用战争手段解决国际政治冲突，一次次由于石油引起的现代战争在石油原产国家和地区频频发生，这无疑是对现代社会风险的巨大威胁。军事是流血的政治，战争风险是和国家的军事政策分不开的。毫无疑问，当今世界最尖端的科技多存在于军事领域，几乎每个主权国家对科技的开发都采取军用先于民用的战略，核武器的开发至今仍是许多国家孜孜不倦的追求。我们或许以为，作为一个国家的政治和军事政策应该是理性和稳定的，战争的爆发是会受到限制的，但不同的国家毕竟有着不同的国家利益，即使是价值观的差异，也同样能引起战争。北约东扩脚步加快，俄罗斯开始坐立不安；朝核危机和伊朗核危机剑拔弩张；武器开发和实验你追我赶，深海、陆地、蓝天都成了人类的战场。由以上可知，在政治冲突仍可能激化、武器管理有可能失控、军事集团依然虎视眈眈的形势下，战争风险不仅是客观的，而且是紧迫的。

（4）恐怖主义

"恐怖主义"之说，始见于 18 世纪法国大革命时期。当时，失去了政权的反革命分子为恢复封建旧秩序而大肆暗杀革命家，这种行为被称为"恐怖主义"。恐怖主义的四个基本特点是：行为有预谋；具有政治目的而不是图财害命或个人恩怨；所要袭击的对象是无力或无机会进行自我防卫者；恐怖活动分子属于秘密组织或"次国家团体"。这些条件和特点在现代社会中不但没有消除，反而更为明显。

恐怖主义活动产生后，其活动范围不断发生变化，18 世纪末以前的恐怖活动主要限于一个国家或地区，不具有国际性，采取的手段也大多是暗杀、投毒等简单形式，次数不频繁。而如今，它已经演化为在战争之外，个人或团体出于某种政治目的而采取的暴力行为，亦即"国际恐怖主义"，成为当今世界上各个国家、民族、阶级或宗教之间多种矛盾尖锐化、极端化的反映，是一种特殊的国际斗争方式。

（5）生态恶化

自从脱离了动物界，成了和自然相对独立的一部分，人类就一直不懈地与自然界做斗争，不断地从自然界索取物质生活资料，改善自己的生存环境。从刀耕火种时代到农业文明、工业文明，人类在与自然的斗争中，取得了一个又一个伟大的胜利。随着近代科学技术的飞速发展，人类改造、利用自然，无论是在广度上还是在深度上，都达到了前所未有的水平。人类生存环境极大改善，社会财富急剧膨胀。但我们为此付出的代价却是：自然生态环境的严重失调，环境污染日益加剧，全球生物圈濒临瓦解[114]。暴雨、地震、泥石流、温室效应、酸雨、赤潮、臭氧层空洞、森林植被锐减、水土流失、土地沙化、海洋生物减少、动植物物种灭绝等；不论是从地域空间而言，还是从生态系统内部的构成要素来看，几乎全球所有的物种都深受其害，难以幸免。这些生态恶化带来的危害是不可抗拒的。

2.1.5 现代社会风险的特征

现代社会风险具有极端复杂性，几乎从每个视角都能发现其不同于以往社会风险的特点[115]。综观其产生的根源和领域、传播的方式和速度、危害的范围和强度、治理的要求和难度等诸环节、诸阶段，大体可以总结出以下特点。

（1）多样性

现代社会几乎没有领域不孕育着风险，不同领域的风险有着不同的特性，同一领域内的风险在不同时期也不断裂变出更多种类，而不同领域之间相互作用过程中又孕育着未知的风险，社会发展的不同时段产生的社会风险又各不相同，整个社会的风险种类在时空交织中呈现出多变性和多样性。现代化进程越深入，社会分工就越细化，每个新产生的领域和行业都会产生新的风险，甚至每项新技术的应用都暗含着新的隐患，这在自然和社会两大领域都有体现[116]。在自然领域，原有的地震、台风、洪灾、旱灾、泥石流等依然威胁着人类，而因人类活动影响所致的气候变暖已造成异常水、旱、雪、灾害，而一些全球性疾病（疯牛病、SARS、禽流感等）也是人和自然交恶的结果。在社会领域，对于一个国家及执政党来说，不加速现代化进程就有丧失主权或政权的风险，而深化改革和开放又会造成众多的次生风险。以人口领域为例，不实施计划生育政策，中国和印度等发展中国家就会产生人口膨胀、资源紧缺等风险，实施计划生育政策却又容易导致人口老龄化严重、性别比例失衡等新的风险。当前，人类面临的社会风险非常复杂，前文所做的粗略归纳，只是站在人类和全球的视角列举几个主要问题而已，而对于不同国家和地区内的具体风险，我们是无法穷尽的。

（2）突发性

现代社会是一个高度注重时间和速度的社会，社会发展在加速，生活节奏在加快。传统社会节约物质成本、追求物质利益的价值取向已向节约时间成本、谋求时间效益偏转，整个社会变成了一个高速运转的大系统[118]。与此同时，风险的积累和降临也表现出突发性的特点。通常情况下，风险发生时组织或系统所面临的环境达到了一个临界值和既定的阈值，组织或系统急需在缺乏必要的、训练有素的人员、物质资源和缓冲时间的条件下快速做出决策；同时危机事件的发生往往会带来重大的人员和财产损失，并造成巨大的社会影响，所以还必须马上进行善后处理，以减轻危机事件给社会带来的巨大的经济损失和不可估量的政治后果。

（3）循环性

在全球化背景下，风险的扩散呈现出一种循环效应，即那些生产风险或从风险中得益的人们迟早会受到风险爆发带给他们的影响。可是，全球化进程是不平衡的：……世界上最富裕和最贫穷国家之间的分化在加剧。财富、收入、资源和消费集中在发达国家中，而大多数发展中国家却在与贫穷、营养不良、疾病和外债相抗争。许多最需要从全球化中获得经济利益的国家处于被边缘化的危险之中……全球化正在引发风险、挑战和不平等，它们超越国界，超出现行政治结构的影响。"[116] 这种全球化引发的社会不平等所带来的风险多种多样。其中有两种值得我们注意：一是这种社会不平等恰好是国际恐怖主义的"温床"，它像个不定时炸弹随时可能对世界造成威胁。二是它使许多落后国家处于高危险境地。最明显的是危险的工业被转移到这些国家，由此会产生两种严重后果：第一，危险工业所引起的风险的爆发会使贫困国家变得更加贫困；第二，在这些国家爆发的风险很快会发散到全世界，由此引发全球风险。当今社会中，任何风险事件的发生都是一个周而复始循环往复的过程，当发达国家不断地把大量武器和战争带给发展中国家时，发展中国家也拿出核武器作为自身保护的工具；而整个人类在向自然疯狂进军的同时，也不断遭受自然的严厉惩罚[116]。

（4）扩散性

在全球化状态下，信息和交通都处于空前发达的状态，各种社会要素在全球范围内迅速传递，社会风险也同样得以扩散[116]。这种扩散主要包括两方面含义：一是区域性风险的全球性蔓延；二是全球性的风险向某个区域渗透。比如说在经济全球化的趋势下，任何银行、公司、个人，只要在电脑上进行操作，就可以将大量资金即时地在全球范围内进行周转。也许只是一个很小的经济行为，在某种情况下，可能对世界经济产生极大的影响。纵观历史，墨西哥金融风波、国际金融危机、货币贬值、恐怖主义、SARS、禽流感等重要事件，都在全球范围内造成了极度恐慌[116]。

（5）隐匿性

在现代社会中，随着信息技术的发展，很多社会风险的孕育和危害在发生前无法让人直接感觉到。在国际化背景下，社会风险的发生点与表现点往往没有明显的联系，很多时候，人们是在无形中受到了社会风险的危害，甚至最终也不知道风险来临的源头在哪里。风险在传递过程中也是潜在的，尽管所有的社会风险事件都有量变到质变的过程，但是在发生之时，却经常是突然性的让人猝不及防。

（6）高危性

现代社会的飞速发展，使得社会中的各个子系统之间的联系和依赖达到了很高的程度，各个子系统相互依赖、彼此影响，其中任何一个子系统的破坏都会导致对整个社会系统的巨大危害甚至是系统崩溃。经济风险的产生可能连带地导致政局不稳、民族分裂；自然风险的发生必然会带来巨大的经济损失和社会动荡，任何一种社会风险事件的发生都会破坏社会整体规范和程序，给整个社会系统带来极高的危害。

（7）不可控性

现代社会风险与传统社会风险存在很大不同，传统社会风险是可计量、可控的，因为其局限于一定地域并且可以直接感知。而在现代社会中，已经变得极其复杂的风险很难使其再具体化，难以控制。我们对于所面临风险的真实经验的掌握随着现代社会风险所包含的灾难的增加而减少。高速发展的社会虽然不断地提出各种控制风险的技术和制度，但是同时也带来了更多种类的风险。新的社会风险不断地被制造出来，并且越发地难以控制。

2.2　预警与社会风险预警

2.2.1　预警的理论研究

预警，是指在灾害或灾难以及其他需要提防的危险发生之前，根据以往总结的规律或观测得到的可能性前兆，向相关部门发出紧急信号，报告危险情况，以避免危害在不知情或准备不足的情况下发生，从而最大程度地减少危害所造成的损失的行为[117]。

（1）风险预警的"治未病"原理

中医理论蕴涵着中华民族千百年来的智慧、思想与文化，是中国文化的宝贵财富，在我国很多管理理念和思想都是由中医理论演变繁衍而来的，其中的疾病防治理念对风险预警具有重要的指导作用。在中医理论中有一个重要的预防理念——"治未病"理念，这一理念被中医认为是防治疾病的最高境界。而这一理论正符合现代社会对于风险预警管理的原理思考。"治未病"强调要全程监控人的身体状态，尤其是当人体处于"无病"状态时，其宗旨是不但要"治"病，更重要的是要"防"病，防病的重点是见微知著，治病于萌芽之时，在对人体状态进行检测治疗的过程中，努力使大病转化为小病，小病转化为无病。同时要时刻注意疾病的发展趋势，而如何能够使人的身体保持其无病状态则是"治未病"的最高境界。风险预警管理便是希望能够实时监控企业的运行状态，发现有发生风险的源头时，及时发出警报，并采取相应措施，能够将风险控制于萌芽状态是根本目的。

中医中的"辨证论治"蕴涵着风险预警的思想方法。风险预警的研究内容是要找到风险在某一阶段的变化本质及中医中所指的"证"，通过分析产生风险的"病源"的实质特点，进行有针对性的剖析，即"辨证"过程，然后在此基础上制定相应的防范措施，即"论治"。按照"治未病"原理，风险预警需要检测"未险到已险"的整个过程，统筹"治未险"的四个体系：未险先防、治险于微、已险防变、险灭防复。

第一，未险先防。预防风险事件发生的前提是加强自身健康状态的维护，使风险无可乘之机，无生存之地，通过建立科学的预警管理体系，维持企业的日常稳定状态，仿佛人的身体保持健康状态一样，时常对预警管理体系进行有规划的检查、调整，在风险事件发生前对其做出基本的判断，最大程度地预防风险事件的发生，保持预警管理系统稳定运行状态。

第二，治险于微。能够将风险导致的不良结果消灭在萌芽阶段，便是该理论的重要体现。当风险系统处于临界状态时，通过复杂性风险事件发生机理表明，任何极小的风险因子都有可能产生很大的风险结果，这个便是"蝴蝶效应"的具体体现。所以，在社会风险预警管理的过程中，明显的致险因子固然应该得到重视，但是与此同时，更要时刻关注隐形的致险因子，不能放松任何一个可能导致大的风险事件的小细节。

第三，已险防变。在前文中已经分析，社会风险具有关联性，任何一种社会风险事件都不是独立存在的，某一风险因子的崩溃可能导致其他因子的相继崩溃，会对整个社会风险产生巨大影响。已险防变要求在社会风险预警管理中，一旦出现警情应时刻注意警情的变化，对相应的"病体"要立即采取斩链措施，防止对其他部件的"感染"。

第四，险过防复。在风险事件导致严重结果后要总结风险事件发生给企业带来的经验教训，根据经验制定新的风险预警管理措施或修改优化已有风险预警管理措施，将此"病种"疫苗注入预警系统之中，使预警系统具有免疫功能，当同性质的风险事件再有发生的时候，能够及时地采取相应的行之有效的应对措施。

（2）非优理论

非优理论是一门系统科学理论，它刻画了系统的矛盾特性和动态特性。系统非优理论将两个研究范畴明确刻画出来："优"是指人们可以接受的过程和结果，而"非优"是指人们不可接受的过程和结果。将此理论深入到社会风险预警管理中，可以这样认为，社会风险预警的过程便是识别在一定程度上不可接受的过程和结果，将其列为非优范畴，以引起人们对灾害发生的警觉[72]。

非优理论认为人类在现实中面临的急迫问题，应该是如何能够摆脱大量非优事件的困扰，如何能够将非优事件中的非优因素向优的方向转化，如何能够增强对非优因素的控制能力。而传统意义上的寻求最优模式或者实现最优化目标并不是非优理论的重点。系统非优理论辩证地分析了非优分析与追求最优模式之间的辩证关系，认为非优分析的关键问题是识别非优因素，减少系统的不分明属性[118]。

系统非优理论为社会风险预警提供了指导思想。非优理论表明，系统的"优"与"非优"是相对存在的，系统中存在的非优因素是系统的一种客观属性，耗散结构系统的状态会在"优"与"非优"之间不断转化。预警就是在一定的环境条件约束下，寻找系统的"非优"因素，通过研究系统"非优"的成因、表现形式、演化规律寻找导致非优问题的各种因子，制定反映系统状态的评价指标体系，然后依据相关知识建立此类指标的优与非优区间，即临界区间和临界标准值。当系统或相应指标处于非优区间时，提前发出报警信息，以提醒工作人员采取措施对"非优"因素进行调控，使系统从"非优"状态转化到"优"状态，并尽量控制系统状态在非优区间的存在时间，减少非优区间存在的非优因素，从而控制社会风险事件的影响程度或者避免社会风险事件的发生。

2.2.2 社会风险预警的理论研究

社会风险预警是指通过对社会发展稳定状况进行监测，依据监测结果的判断，对社会在其正常运行过程中的各种可能性进行分析和预测，对整个社会系统运行情况和运行的质量及后果进行评价和报警，并根据评价结果提出有建设性的对策和措施建议。

社会风险预警系统主要是指各种反映社会风险警情、警兆、警源及变动趋势的形式，指标体系和预测方法等所构成的有机整体[119]。警源、警兆和警情是社会风险预警系统的研究对象。警源指产生社会风险的根源，警兆指社会风险在孕育与滋生过程中先行暴露出来的现象，警情指社会风险外部形态表现。警情、警兆、警源包括社会、政治、经济、文化、环境等多个方面。

对于社会风险预警系统的研究可以基于社会物理学中"社会燃烧理论"的原理[120]。"社会燃烧理论"中把物质燃烧必须具备的三大基本条件：燃烧物质、助燃剂和达到点火温度，与社会发生动乱所需条件相类比。该理论认为，引发社会不稳定与不安全的动因主要有两个，一是"人与自然"之间关系不协调；二是"人与人"之间关系不和谐，这是社会不稳的"燃烧物"。而"燃烧物"真正燃烧，需要"助燃剂"的作用，社会舆论中不负责任的误导、过分夸大的事实、广泛传布的谣言、无中生有的挑衅、社会心理失衡的剧烈放大、单方面利益的贪婪追求，便是构成社会发生动乱的"助燃剂"；而当社会矛盾发展到一定程度，便会爆发具有一定规模和影响的突发事件是引发社会发生动乱的"点火温度"。

源于社会系统内部的矛盾和外部的干扰等多方面因素共同构成了社会不稳定因素的集合，当这些风险因素发生时，如果没有受到领导者或者决策者的重视任由其发展，或者没有能力从根本上消除这些不稳定因素，那么社会不稳定因素就会在数量和程度上两个方面同时增加，任其发展下去的结果就是社会风险因素在时间和空间上不断扩大，当其扩大到系统所能承受的最大临界值时，"导火索"被"点燃"，则会发生较为严重的社会风险事件。当这些社会风险事件不断增加，会到达系统所能承受的安全临界值，则会导致社会系统的崩溃，此时就会形成一个新的社会系统。如果社会风险事件在发展的过程中通过预警系统加以调控，那么就会保持原有社会系统的正常运行。所以社会风险预警系统具有非常重要的现实意义。

2.2.3　社会风险预警评价的主要方法

风险预警评价首先要对风险的特点、类别、内容进行深刻的识别和分析，基于理性的分析并通过适用于风险特点的方法或者模型得出风险评价等级。目前的风险预警评价多是综合应用各种风险分析技术，力争将不确定的风险因素进行识别、分析及判断。风险预警评价是石油涉外企业社会风险预警管理对策选择的重要依据，意义重大。

目前，风险预警评价的方法有很多，主要有以下几种。

（1）调查和专家打分法[121,122]

调查和专家打分法是通过风险识别将企业所有风险列出，设计风险调查表，再利用专家的经验，对各个风险因素的重要性进行评估，然后再综合成整个风险。其具体步骤是：第一，确定每个风险因素的权重；第二，确定每个风险因素的等级值；第三，将每个风险因素的权重与等级值相乘，求出该风险因素的得分，再将各风险因素得分求和，求出整个风险的总分。总分越高，风险越大。

（2）层次分析法[123]

层次分析法简称 AHP，是一种定性和定量相结合、系统化、层次化的分析方法，在 20 世纪 70 年代中期由美国运筹学家托马斯·塞蒂正式提出。层次分析法在处理复杂的决策问题上具有很强的实用性和有效性，很快在世界范围得到重视。

运用层次分析法有很多优点，其中最重要的一点就是简单明了。层次分析法不仅适用于存在不确定性和主观信息的情况，还允许以合乎逻辑的方式运用经验、洞察力和直觉。

（3）蒙特卡罗模拟方法[124]

蒙特卡罗模拟方法（Monte Carlo method），也称统计模拟方法，或称计算机随机模拟方法，是一种基于"随机数"，以概率统计理论为指导的非常重要的数值计算方法。在定量分析方法中，蒙特卡罗模拟方法是美国项目管理学会推荐的一种方法。

在解决实际问题的时候应用蒙特·卡罗模拟方法主要有两部分工作：用蒙特卡罗方法模拟某一过程时，需要产生各种概率分布的随机变量。用统计方法把模型的数字特征估计出来，从而得到实际问题的数值解。

（4）网络模型法

网络模型有关键线路法（CPM）、计划评审技术（PERT）和图形评审技术（GW）。CPM假定项目各工序时间是确定的，只要工序的条件不变，为完成该工序所需时间就不变。不能反映风险因素对项目总工期的影响，因此在风险评价方面作用不是很大。

PERT也要找出项目工序的关键线路，项目各工序时间和总工期都是随机变量，根据概率假定总工期服从正态分布。由于工程项目的一次性，一般都缺少先例，每个工序开始、结束以及持续时间都是不确定的。PERT把这种不确定性带来的工期成本风险归因于随机性，通过对这种随机性的分析和评价揭示出项目工期和成本的风险情况。此外，PERT还通过确定各工序之间的逻辑关系和核实工序时间以及所用资源识别出有关风险。

除以上几种主要风险评价方法之外，还有其他风险评价方法，如多属性决策方法、系统工程方法、运筹学方法等[125~127]，具体方法的比较分析如表2.1所示：

表2.1　　　　　　　　　　主要风险评价方法对比表

序号	方法类别	方法名称	方法描述	优点	缺点
1	定性评价方法	专家会议法	组织专家面对面交流，通过讨论形成评价结果	操作简单，可以利用专家的知识，结论易于使用	主观性比较强，多人评价时结论难收敛
		Delphi法	征询专家，背靠背评价、汇总、收敛		

续表 2.1

序号	方法类别	方法名称	方法描述	优点	缺点
2	技术经济分析方法	经济分析法	通过价值分析、成本效益分析、价值功能分析，采用 NPV、IRR、T 等指标	方法的含义明确，可比性强	建立模型比较困难，只适用评价因素少的对象
		技术评价法	通过可行性分析、可靠性评价等		
3	多属性决策方法（MODM）	多属性和多目标决策方法（MODM）	通过化多为少、分层序列、直接求非劣解、重排次序法来排序与评价	对评价对象描述比较精确，可以处理多决策者、多指标、动态的对象	刚性的评价，无法涉及有模糊因素的对象
4	运筹学方法（狭义）	数据包络分析模型（C2R、C2GS2 等）	以相对效率为基础，按多指标投入和多指标产出，对同类型单位相对有效性进行评价，是基于一组标准来确定相对有效生产前沿面	可以评价多输入多输出的大系统，并可用"窗口"技术找出单元薄弱环节加以改进	只表明评价单元的相对发展指标，无法表示出实际发展水平
5	统计分析方法	主成分分析法	根据因素相关性大小把变量分组，使同一组内的变量相关性最大	全面性，可比性，客观合理性	因子负荷交替使得函数意义不明确，需要大量的统计数据，没有反映客观发展水平
		因子分析法	计算指标间距离，判断所归属的主体		
		聚类分析法	计算对象或指标间距离，或者相似系数，进行系统聚类	可以解决相关程度大的评价对象	需要大量的统计数据，没有反映客观发展水平
		判别分析法	计算指标间距离，判断所归属的主体		

续表 2.1

序号	方法类别	方法名称	方法描述	优点	缺点
6	系统工程方法	评分法	对评价对象划分等级、打分，再进行处理	方法简单，容易操作	只能用于静态评价
		关联矩阵法	确定评价对象与权重，给各替代方案有关评价项目确定价值量		
7	对话式评价方法	逐步法（STEM）	用单目标线性规划法求解问题，每进行一步，分析者把计算结果告诉决策者来评价结果，如果认为已经满意，则迭代停止；否则再根据决策者意见进行修改和再计算，直到满意为止	人机对话的基础性思想，体现柔性化管理	没有定量表示出决策者的偏好
		序贯解法（SEMOP）			
		Geoffrion法			
8	智能化评价方法	基于 BP 人工神经网络的评价	模拟人脑智能化处理过程的人工神经网络技术，通过 BP 算法，学习获取知识，并存储在神经元的权值中，通过联想把相关信息复现，能够"揣摩""提炼"评价对象本身的客观规律，进行对象同属性评价对象的评价	网络具有自适应能力、可容错性，能够处理非线性、非局域性或非凸性的大型复杂系统	精度不高，需要大量的训练样本等

综上所述，每一种风险分析技术的提出都是伴随着不同的具体风险事件的出现而产生的，他们具备不同的特点，评价方法的选择应当根据风险事件的性质、风险管理的重点及其他因素综合考虑，选取多种评价方法相互补充，以提高评价结果的可靠性。

2.3 石油涉外企业社会风险预警理论框架

2.3.1 我国石油涉外企业的特点

石油涉外企业海外投资过程中面临的社会风险，具有其自身独特的特点，只有对其进行深刻的分析，才能对症下药，提出一套针对我国石油涉外企业行之有效的社会风险预警理论框架。

我国的海外石油投资工作始于 1992 年，20 多年来，我国的石油涉外企业海外投资工作虽然取得了长足的进步，但是依旧处于初级阶段。在进行海外作业的过程中，我国石油涉外企业呈现出独有的特点，这些特点与我国目前所处的经济发展态势和国家经济政策有着直接的关系，而国际政治环境、经济环境和人文环境的种种特征也使我国石油涉外企业面临着巨大的社会风险。我国石油企业在"走出去"的进程中，是否能走出去、如何走出去、如何坚定不移地走下去、如何长远稳定地走下去，是我国石油企业所要面临和解决的重要问题。

现对我国石油企业海外投资的区域特点进行分析[128]。从地域上看，我国石油海外投资足迹遍及 40 多个国家，逐步形成以中东——北非、中亚——俄罗斯以及南美为中心的三大战略区域。主要国家和地区有中东地区的伊朗、也门、科威特、沙特，北非则以苏丹为中心，逐步向阿尔及利亚、尼日利亚等周边国家辐射；中亚有哈萨克斯坦、俄罗斯、乌兹别克斯坦、吉尔吉斯斯坦等国；南美有哥伦比亚、委内瑞拉、秘鲁、厄瓜多尔等国。

三大战略区域的具体情况如图 2.1 所示。

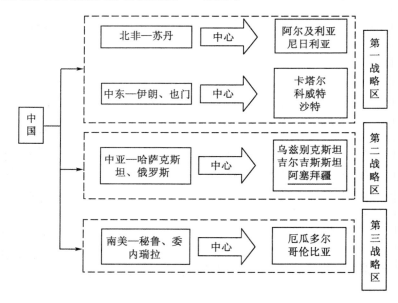

图2.1　中国石油企业对外投资战略区域图

由于石油资源的重要战略地位和我国石油企业的特点，我国石油涉外企业海外工程项目有如下特点[129]。

（1）逐渐形成了三大战略区域，投资风险高低受地域因素影响大

以中亚—俄罗斯、中东—北非及南美为中心的三大战略区域是目前我国海外石油开发的主要区域。三大战略区域中，包含了几十个石油原产国家和地区，如此之广的投资区域带给我国石油涉外企业的不仅仅是大量的石油资源，

同时还有复杂的政治、经济、地理、人文等方面的环境差异，在进行海外作业的过程中，我国石油涉外企业面临着多种多样的自然及地域环境、差异万千的文化习俗、纷繁复杂的政治背景、变幻莫测的经济政策，这一切都对我国石油涉外企业面临的社会风险起着重要的影响作用。

（2）以跨国收购或参股为主要投资形式，投资风险高低受投资规模影响大

在我国石油涉外企业进行海外工程作业的初期，在秘鲁、委内瑞拉等国主要采取合作、分成等开采方式形式，而当海外工程作业日益增多，资金、技术、人员等方面不断成熟之后，我国石油涉外企业更多地采用跨国收购或参股的方式进行海外投资。因此，海外并购已成为我国石油企业参与国际竞争的重要手段。随着我国石油企业参与的海外并购活动越来越多、规模越来越大，投资风险也将随着投资并购规模的增大而增大。

（3）海外投资成果丰硕，投资成果与投资风险并存

一组数据，让我们对于我国石油涉外企业海外投资的丰硕成果有了更为直观的认识：2004 年，海外油气作业产量和权益产量分别为 3560 万吨和 2010 万吨；到 2007 年，该数据上升至 8700 万吨和 4500 万吨；到 2012 年，海外油气作业产量超过亿吨。在争夺愈发激烈的国际原油市场中，我国石油涉外企业在获得丰硕成果的过程中，历经艰辛，付出了很多代价，在这个探索的过程中，在获得经济利益的同时，虽然我国石油涉外企业目前海外工程项目区域不断延伸、规模逐渐扩大、业务量不断增加，取得了可喜的成绩，但是，依然面临着很多问题，这让石油涉外企业领导者获得了更多的海外投资的经验。在增强投资者信心的同时也需要投资者清醒地认识到，在投资的过程中将面临困难和风险，需要做好风险管理工作。

首先，石油资源受到世界很多发达国家的争夺，所以石油涉外企业海外工程项目东道国大多是政治事件频发、军事冲突不断的国家和地区，这些国家和地区经常会在外交过程中，牺牲我国企业的利益而选择与发达国家开展资源合作。当出现政治纠纷时，我国常常处于弱势[129]。

第二，投资过高、资金不足。我国石油企业与很多发达国家的大型石油跨国公司存在着极大地差距。从资金、经验、设备、人才等方面都无法比拟，所以，薄弱的资金实力导致在很多高投入高风险高回报的诱人项目面前，我国的石油企业不得不放弃机会，这样极大地阻碍了我国石油企业在海外项目的发展。

第三，社会动荡不安，治安事件频发。我国石油涉外企业海外工程项目所处的国家和地区，多属于较为贫穷和落后的发展中国家，经常发生抢劫、恶意

攻击等治安事件，这极大地威胁了海外作业人员的人身安全，导致很多优秀人才由于对环境的恐惧而流失。

第四，人才短缺，技术缺乏竞争力。我国石油企业的很多高技术员工不懂所在国语言，这在项目的开展和沟通上造成很多困难，无法达到多国跨国经营管理高素质人才的要求。在机械、开采等技术上，很多高水平的技术都是从外国引进的，本国的前沿技术少之又少，所以提高技术竞争力也是我国石油企业面临的很大的问题。

第五，海外项目风险防范管理不到位。我国石油企业海外工程项目的区域多是高风险地带，但是我国目前还未出台有关海外工程项目保险的政策，也还未建立完善的风险防范体制，这很不利于我国石油企业转移和规避海外作业过程中遇到的风险并减少损失。

我国石油涉外企业在进行海外工程项目作业的过程中，面临着各种各样的风险，这些都亟待解决，本书主要针对社会风险的特点进行分析研究，建立一套石油涉外企业社会风险预警评价指标体系。

2.3.2 石油涉外企业社会风险的特点

前文中已经对我国石油涉外企业的情况、特点和主要问题进行了详细的介绍，石油涉外企业的特殊性决定了其社会风险预警管理的特殊性，即综合分析眼前利益和长远利益的关系、深刻讨论企业利益与国家民族利益的关系、综合考虑石油资源与国际政治和国际经济的关系。只有深刻分析了以上三种关系，才能深刻了解石油涉外企业社会风险的特点，基于这种分析才能做好石油涉外企业社会风险预警管理工作。

首先，石油涉外企业不同于其他企业，在其调整全球战略和管理架构的同时，必须注重把社会责任、国家责任、民族责任作为企业行为的"三重底线"，强调做一个有担当的"企业公民"，担当更多的社会责任。石油涉外企业作为国民经济发展中的主要石油产品生产商和供应商，肩负着充分利用国内外两种资源、两个市场，保障国内油气供应和国家石油安全的重任。在面临很多重大商业决策时，石油涉外企业在考虑自身经济利益的同时，更要考虑的是国家和民族的利益。很多时候，在计划向一个新的国家或地区开展业务时，即使该国家或地区存在极高的社会风险，可能获得较少的经济利益，甚至可能带来一定的人员伤亡，但是出于国家的战略物资储备的需求、国家国际关系的建立、国家对于重要能源地区的涉入、国家在全球的战略性地位等方面的考虑，石油涉外企业必须做到没有困难的地区快速走出去、存在困难的地区战胜困难稳步走出去。在走出去的过程中，必然会面临石油原产国政局不稳、国际霸权主义和强权政治的强势压力、国际多边关系的错综复杂、宗教民族矛盾激化等多方面的社会风险问题。在这个走出去的过程中，做好石油涉外企业社会风险的预警管理工作，既要基于社会风险预警的普遍性原理，又要针对石油涉外企业面临的特殊性提出一套相应的有特色的社会风险预警管理体制，在这套预警管理体制中，国家和管理者的管理风险偏好起到了很大的决定作用。

同时，用博弈的思想深入分析眼前利益与长远利益，是石油涉外企业所必须考虑的另外一个重要问题。石油涉外企业在进行海外工程项目的选择、决策、施工、投产、管理、运营等过程中，其需要重点考察的是该工程项目的长远利益。对于石油涉外企业的很多项目来说，在开始投产及日常运营的过程中，几年甚至十几年内都不会带来利益，但是考虑其对于石油资源的占有、对于石油原产国家的合作关系的建立、对于未来国家能源地位的提升等长远利益来看，是一项具有重大意义的工程项目，此时若只局限于眼前利益，便会错失很多机会。

石油资源是决定世界发展的关键性资源，它在很大程度上影响了人类历史发展的进程。石油资源是否充足、石油资源的分布是否均衡、石油价格是否公平等，这些关于石油的问题都是全球国家非常关注的重要的敏感性话题。纵观人类历史，石油资源在国际关系中，扮演着至关重要的角色，而在石油资源日益紧缺的今天，它对国际关系的重要影响越发凸显。所以，石油资源已经成为石油出口国的重要外交手段，也是其他国家与石油出口国结交的重要目的。因此，因石油而结盟、因石油而反目甚至引发战争的事例不胜枚举。与此同时，大国矛盾、地缘政治、地区利益、民族纠纷等诸多因素都与石油问题交织在一起，能源消费国之间、消费国与生产国之间、生产国与生产国之间的石油争夺战，都是由石油而起，这些都对于石油涉外企业的社会风险产生着影响[5]。因此，必须从以下角度丰富石油涉外企业社会风险理论。

所以，我们有必要从国际政治学角度丰富石油涉外企业社会风险理论。

2.3.2.1 国际政治学角度

（1）从世界政治格局[130]的内涵看社会风险管理

世界格局包括世界经济格局、世界政治格局、世界军事格局。世界经济格局是世界政治格局的基础，并制约着世界政治格局，决定着世界格局的大体面貌；世界军事格局是世界格局的保障力量，并随着世界政治格局的变化而变化。

世界政治格局指在国际社会中各种政治力量，包括主权国家、国家集团和国际组织等多种行为主体在国际舞台上在一定历史时期内相互联系、相互作用形成的一种结构、态势，它是世界政治形势最根本的特征，是认识世界政治经济和国际关系发展进程及其规律的主要依据。世界政治格局的形成，取决于主要国家、国家集团、突出力量综合实力的对比及其在国际上的地位作用。

（2）从世界政治格局的"主角"看社会风险管理

世界政治格局中的主角是国际政治中具有关键性影响和作用的主要力量，即国际政治格局的构成力量，一般是影响全局的重大国际事件的主要行为体，处于国际矛盾的中心。国际冲突与协调往往都围绕着主角进行活动。石油资源作为世界最重要的最具有影响力的能源结构，其面临的社会风险与世界政治格局的主角的影响有着直接、深刻的相关作用。

世界政治格局的主角，来自国际政治体系中的行为体，是地位、力量和外交的统一。世界政治格局的主角不止一个，可能是两个或多个，起的作用不完全相同，甚至相反。世界上任何重大事件的发生，都是世界政治格局的主角在起着决定性的关键作用，这些作用有大有小，或积极或消极，或进步或反动，力量不完全对等，性质不完全相同。针对于世界的主要能源——石油，世界政治格局的主角更是起到至关重要的作用。只有明确了当时世界格局中各国的角色地位，才能更好地建立石油涉外企业社会风险预警管理体系。

（3）从当今世界的多极化世界格局现状看社会风险管理

当今多数学者认为，世界政治格局的现今状况当用"一超与多强并存"来概括。

一超指的是超级大国美国。它是"当今世界超强的一极"[131]。兹比格纽·布热津斯基曾这样评价美国的国际地位："美国在全球力量四个具有决定性作用的方面居于首屈一指的地位。在军事方面，它有无可匹敌的在全球发挥作用的能力；在经济方面，它仍然是全球经济增长的主要火车头，即使它在有些方面已受到日本和德国的挑战；在技术方面，美国在开创性的尖端领域保持着全面领先地位；在文化方面，美国文化虽然有些粗俗，却有无比的吸引力，特别在世界的青年中。所有这些使美国具有一种任何其他国家都望尘莫及的政治影响。这四个方面加在一起，使美国成为一个唯一的全球性超级大国。"[132]

可见，我们必须承认美国在当今的世界格局中，具有唯一超级大国的领先地位，在石油资源的问题上，美国这位"世界霸主"在国际上产生的影响不容忽视。

对于世界多强，目前的政治格局中有如下解释。

俄罗斯——虽然已经没有昔日苏联"超级大国"的整体实力，但是从国土面积、军事实力、科技水平、宇宙开发、外交影响等方面，仍居于世界一流行列之中。

欧洲联盟——欧洲联盟已经成为"准国家实体"，达成了经济一体化、科技一体化、政治一体化、外交力求用"一个声音说话"。

日本——经济、科技的总体水平很高，并正在逐步缩小与美国的差距。经济基础决定上层建筑，日本以此加快谋求政治大国地位的努力已引人注目。

第三世界——这一力量发展经济，团结合作，尽力参与创建国际新秩序活动，担当国际事务生力军的作用在不断发挥。

中国——中国无疑是当今世界独特的力量。经济上拥有丰富资源和巨大市场，发展潜力不可估量。政治上凝聚力强，外交上奉行独立自主的和平外交政策。综合国力日趋增强，对国际事务的参与分量日增，对外关系已经进入新中国成立以来的最好时期。

由上述分析可知，目前的世界格局和国际关系错综复杂，石油作为全球重要的储备能源，其相关企业的社会风险必须站在全球角度融合国际政治学的相关理念进行分析，综合考虑世界格局和国际双边、多边关系，而非孤立地研究石油涉外企业在某一国家或某一项目中所面临的社会风险。

国际石油炒家和巨商时常操控油价、兴风作浪，使国际石油市场风险徒增。世界几次经济危机的发生、世界各国对于本国经济的地方保护主义、贸易壁垒的产生和巩固等经济问题，也极大地提高了石油涉外企业社会风险。

2.3.2.2 从国际经济学角度看社会风险管理

（1）全球化浪潮与国际经济的发展

1870 年至第一次世界大战爆发前的 1913 年出现了第一次经济全球化浪潮，在此期间，世界贸易量年增长 3.4%，高于世界 GDP2.1% 的年均增速，世界出口占世界 GDP 的比重由 4.6% 提高到 7.9%[133]。

第二次世界大战结束后长达半个多世纪，国际经济处相对和平时期，世界各国和地区之间的经济往来越来越频繁，彼此之间的经济联系也日益紧密。1950 年至 2010 期间，世界货物贸易量增长了近 32 倍，而同期世界 GDP 增长 7.6 倍，世界货物出口占世界 GDP 的比重由 5.5% 提高到 24%。2010 年世界货物贸易额（出口）达到 15.2 万亿美元，世界服务贸易额（出口）达到 3.4 万亿美元[136]。2007 年全球外国直接投资流入量达到 1.97 万亿美元，受金融危机影响，2009 年降至 1.19 万亿美元，2010 年升至 1.24 万亿美元[134]。

可见，在世界贸易和 GDP 指数大幅度增加的当今社会，经济全球化浪潮已经切实地成为世界各国必须面对的国际经济形势，在这种经济形势下，石油资源的进出口量极大地影响着世界经济的发展走向，同时，也受到世界经济形势的影响制约。石油涉外企业在进行海外工程项目的过程中如何规避社会风险，必须站在国际经济学的高视角上进行研究。

（2）从国际经济学的研究内容看社会风险管理

国际经济学是研究各国之间经济活动和经济关系的一门科学，它是运用微观经济学和宏观经济学的基本方法和原理对国际经济问题进行研究，是微观经济学和宏观经济学向国际领域的应用与延伸。石油的价格问题在国际经济体系中起到重要的影响作用，与国际经济形势紧密相关，在进行石油涉外企业社会风险预警管理时充分运用国际经济学研究成果，具有重大意义。

当今世界各国之间存在着许许多多的错综复杂的关系，如政治关系、经济关系、民族关系、宗教关系、地域关系、集团关系等，其中，国际经济关系是最基础的，它对其他的国际关系起着决定性的作用。

石油作为国际性重要能源，其开采、生产、加工、运输、交易等每一个具体环节都受到国际经济环境的影响和制约。并且，石油是一种为国际大资本所操控的具有高度投机性的垄断性物资，其价格波动极大，在很大程度上冲击着一国的经济，甚至因此而引发通货膨胀。从历史数据可以看出，只要油价上涨几个美元，关系国计民生的基础产业就将受到重大影响，并且势必影响到其他相关产业。

（3）从国际经济学的特点看社会风险管理[135]

首先，世界上存在的是一个个具有独立主权的民族国家，各个国家都从自身的利益出发制定出一整套的全国性经济政策，这些政策都是为本国公民的利益服务的，而一般不会考虑到这些政策是否会损害其他国家公民和世界整体经济的利益，当各国自身的经济状况遇到危机时，都会采取自身保护措施，将经济危机设法转嫁到其他国家身上。从全球角度并没有一个凌驾于各国之上的权威的组织进行统一的协调和指挥。由此，产生了各种贸易保护主义，限制贸易的自由发展。针对石油资源问题，各国为了自身的利弊必然产生激烈的争夺，不同国家针对自身情况和在国际社会中的地位，制订了不同的石油开采和进出口计划。

第二，在国际经济中，没有通用的世界货币，存在着各国不同的货币及金融体系，不同国家的货币之间的兑换比例是不固定的，由于汇率的不稳定性，使得持有外国货币的人有一种特殊的风险，从而产生各种金融投机行为。国际经济中的物品、劳务及金融资产的价格也由于货币因素处于经常变化之中。石油价格的波动也会因为不同货币之间的汇率变动而产生，如果通过国际经济学的原理将汇率变动对石油企业的社会风险造成的影响进行预测研究具有深远的现实意义。

第三，世界各国之间不仅存在着不同的货币，而且还存在着各自独立的财政政策，各国都拥有自己的公共支出和征税权力的政府机构。各国的财政政策特别是关税政策之间的差异，造成大量的商品和资本的国际间大规模流动，从而利用各国之间的税收差异获得利益。与此同时，不同的财政政策也会导致商品的进口关税、出口补贴以及各种贸易壁垒形式上的差异。

第四，经济学家认为，生产要素在一国之内是可以流动的，不仅劳动和资本可以流动，当我们针对土地的使用而不是土地的实体的话，那么土地要素也是可以流动的，例如，一块土地上可以由农业用地更改为商业用地，但是生产要素在国际间却不能自由流动。而石油资源这种生产要素作为全球性资源，其国际间流动已经成为普遍现象，所以必须用国际经济学的理论方法加以研究分析。

第五，国际市场不是一个完整的市场，而是被分割成许多个不同的市场，这种分隔的原因是各国政府都要综合考虑本国的实际情况。例如，由于历史发展的原因，有些国家统一采用 220V 的标准电压，而有些国家统一采用 110V 标准电压，这样就导致不同国家对于电线、插座、电器、配件等相关产品都会依据不同的标准生产；有的国家规定汽车靠马路左侧行驶，有的国家规定汽车靠马路右侧行驶，这样就导致有的国家汽车的方向盘安装在汽车左侧，而有的国家汽车的方向盘安装在汽车右侧，这样，在设计生产的过程中，都要针对不同国家的标准进行相应的改动，这样进入对方国家的市场就会产生一定的难度，这实际上就形成了贸易壁垒。

（4）从贸易政策看国际经济学对石油行业的影响——以石油卡特尔组织为例

卡特尔是由一系列生产类似产品的独立企业所构成的组织，是集体行动的生产者，目的是提高该类产品价格和控制其产量[136]。石油输出国组织（The Organization of Petroleum Exporting Countries）由世界上的主要石油销售国组成。在 OPEC 形成之前，各石油生产国在销售石油时，彼此独立，相互竞争。对全球市场而言，单个国家并不重要，其出口水平的改变也不会对世界石油价格产生明显的影响。然而，石油输出国发现，他们可以通过生产配额限制内部竞争，从而控制世界石油价格，20 世纪 70 年代，石油价格高涨就是由于这个原因。现在我们以 OPEC 为例，运用国际经济学的基本理论来看国际经济政策是如何对石油产生影响的。

之所以组成卡特尔，其目的是增加成员国的利润，卡特尔试图将价格提高到竞争水平之上。假设石油是一种标准化产品，在国际石油市场上共有 10 个规模相等的石油供给商。由于前期的价格战，所有供给商收取的价格均等于最低平均成本。因为担心其他供给者不跟进，而失去自己的市场份额，所以谁都不敢提高价格。假设这些石油供给商决定彼此不再进行残酷的价格竞争，而是联合卡特尔。那么卡特尔必须限制产量，提高价格。

图2.2给出了10家石油供应商作为一个整体的需求和成本条件（图2.2（a））以及集体平均每个供给商的需求和成本条件（图2.2(b)）。卡特尔成立之前，竞争条件下的石油市场价格为每桶20美元。因为每个供给商的价格都恰好弥补其最小平均成本，这时的经济利润为零。市场上的每个供给商每天提供150桶石油，总产量为每天1500桶。

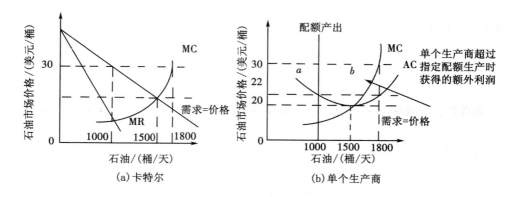

图2.2　欧佩克利润最大化

假定为了实现成员总体的利润最大化，这些石油供应商组成卡特尔。为了实现该目标，卡特尔必须首先按照边际收益等于边际成本的原则，确定利润最大化的产出水平，然后发放生产配额，将总产出分配给各成员国。

如图2.2（a）所示，卡特尔把产量从每天1500桶限制到每天1000桶，以此实现集团利润的最大化。那么卡特尔成员必须将自己的产量从每天150桶限制到100桶，如图2.2（b）所示。这一生产配额导致石油市场价格从每桶20美元上升到每桶30美元。每个成员从每桶石油中可获得8美元的利润，生产100桶石油的总利润为800美元（面积a）。

在卡特尔价格水平下，每个供应商都希望在配额之外销售更多的石油。但如果所有成员国的销售量都超出配额，那么卡特尔的价格就会跌向竞争价格，利润将不复存在。下一步是确保卡特尔成员的石油销售量不会超出生产配额。

在图2.2（b）中，按照配额规定的销售量，每个卡特尔成员每天销售100桶石油，获得800美元的经济利润。然而，单个供应商意识到，在卡特尔价格水平下，如果自己的价格（美元）销售量超过这个数量，那么利润会增加。在这种情况下，每个供应商都会增加自己的产量，一直持续到其边际成本等于卡特尔价格30美元为止，这时产量为每天180桶。在此产出水平下，该供应商将实现1440美元的利润，用面积（a + b）表示。通过暗中违反协定的生产配额，供应商能够增加640美元的利润，用面积b表示。需要注意的是，当供应商扩大供给时，只有石油价格不下降，利润才能增加。也就是说，只有供应商额外的产出在世界石油供给中所占比例微不足道时，利润才会随着产出的扩张而增加。

单独一个供应商产量超出配额，石油的市场价格不会有太大的变化。但如果卡特尔的每个成员为了赚取更多的利润，都将产量增加至每天 180 桶，总产量将达到 1800 桶。然而，要使价格维持在 30 美元，行业产量必须控制在每天 1000 桶。超量的 800 桶导致价格下降，经济利润减少。如果经济利润跌落至零，卡特尔就会瓦解。

以上分析只是国际经济对石油企业产生影响的一个例子，纵观全球经济状况，每一次经济政策的变动都会对石油企业产生深远的影响，因此，分析我国石油涉外企业面临的社会风险时，必须基于国际经济学理论，站在全球经济的视角上进行分析研究。

石油涉外企业面临的社会风险是一个与国际政治局面紧密关联、与国际经济体制相互融合的风险概念，它包含国际政治格局对石油资源占有量的影响、国际多边关系对于石油原产国社会稳定的影响、国际经济政策变动对石油价格波动的影响，以及其他社会风险的相关因素的影响。

2.3.3 石油涉外企业社会风险预警特殊性原理

石油涉外企业社会风险具有其自身的特殊性，上文中已经提出，石油涉外企业社会风险的考虑不同于其他类型的社会风险，应站在国际视角上，综合考虑企业利益和国家民族利益的平衡关系、眼前利益和长远利益的取舍关系、国际政治和国际经济的相关政策措施，所以石油涉外企业的社会风险预警管理有其特殊性。

第一，石油涉外企业社会风险预警与社会风险预警普遍性原理的区别在于其阶段性。阶段性是指针对石油涉外企业在计划向某个国家或地区进行开采前和在某个国家或地区已经正式投产运营后两个阶段的不同特点，对其社会风险预警管理采用的不同方法。

第二，在计划投产阶段，对于社会风险预警管理主要考虑的是宏观上比较重要的因素，在建模的方法的选择中融入了可以将大量数据通过降维处理后的主成分分析法。而众所周知，石油原产国家或地区多是战争频发、政局不稳、社会较为动荡的高风险国家或地区，所以在考虑石油涉外企业是否在该国进行投产时，综合考虑国家利益、长远利益等方面因素，并不可因为社会风险等级高就停止开采计划，此时更应分析研究的是根据社会风险预警评价的结果，如何制定出一套针对该国家或地区的预警方案，如何能够让石油涉外企业在"走出去"的同时，最大程度地保证人员和物质安全、处理好和进驻国家及周边国家的关系。而对于石油涉外企业面临较高的风险预警评价等级时依然坚定地选择走出去，在很大程度上取决于企业的风险偏好。企业风险偏好是石油涉外企业在实现其价值过程中所愿意接受的风险量，可以视作风险与收益之间的一种平衡。石油涉外企业新业务的开拓生存与发展要依赖于占主导地位的石油资源理性计划，企业做出的不同选择意味着企业不同的风险选择，企业的风险偏好会对企业发展路径选择产生很大的影响。在石油涉外企业决定是否"走出去"的过程中，基于国家民族及全球战略性地位的考虑，大多会采取"风险追求"而非"风险厌恶"的风险偏好。

第三，在日常生产阶段，社会风险预警管理要细微地监测日常生产过程中所有的社会风险事件发生对于石油涉外企业的影响，此时要采用的建模方法选择为核 Fisher 判别的方法。

这种分阶段的社会风险预警管理办法为石油涉外企业社会风险预警管理提供了很好的理论依据和实际意义。

2.3.4　石油涉外企业社会风险预警理论框架

综合上文对于石油涉外企业社会风险特点的深入分析，得出石油涉外企业社会风险预警管理是一个综合考虑国际政治和国际经济、深入分析眼前利益和长远利益、既要考虑企业自身利益又要承担国家民族责任的分阶段、分情况的预警管理系统。基于这个结论，得到石油涉外企业社会风险预警理论框架如图 2.3 所示。

对于理论框架的几点说明。

（1）明确环境基础信息

综合考虑石油涉外企业所面临的国际政治、经济、文化、社会环境，认清国际、国内、海外工程项目所在国的现状，明确环境的基础信息，这是做好社会风险预警评价分析的第一步。

（2）社会风险识别

在社会风险预警管理的过程中，一项重要的工作便是对石油涉外企业所面临的或者是潜在的风险进行搜集、分类和统计，这个过程便是社会风险识别过程。本书的研究中，主要通过构建石油涉外企业社会风险预警评价指标体系完成风险识别的环节。首先弄清石油涉外企业的性质，分析其可能面临的风险及相互之间的关系，深入研究企业与所在国之间的关系，所在国与邻国之间的关系等多方面因素。对于社会风险的识别主要通过主客观两方面进行。客观方面主要是通过对国际主流媒体对于石油原产国家或地区发生社会风险事件进行频

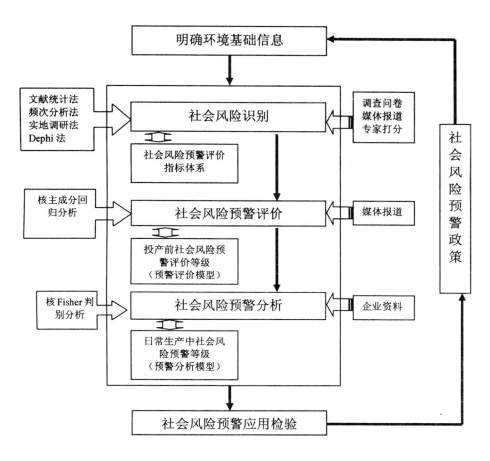

图 2.3 石油涉外企业社会风险预警理论框架

次统计，我国主要石油涉外企业在海外工程项目中发生的社会风险事件进行频次统计等，对数据进行处理和分析。主观方面是通过石油涉外企业社会风险管理部门工作人员的专业水平和经验判断，融入企业领导者和社会风险管理者的社会风险管理偏好进行判断。

（3）社会风险预警评价

社会风险预警评价过程就是针对石油涉外企业在计划向某个石油原产国家或地区进行投产时，首先搜集国际重要媒体对于世界上石油原产国家或地区在过去时间内发生的社会风险事件的统计及相关重要风险评估机构对于对应国家对应时间内的风险等级评价，根据大量历史数据进行社会风险预警评价建模，将该国家或地区近年来的风险事件数据通过模型计算得出该国的社会风险等级，根据评价结果，综合考虑企业长远利益和国家民族利益，做出相应决策并制定预警管理方案。

（4）社会风险预警分析

风险预警分析就是根据风险事件的发生情况，对未来的风险等级进行评价。在风险预警分析过程中，结合历史数据对于社会风险事件发生频次及对应的社会风险预警等级的统计，建立起社会风险预警分析模型，以此对该企业未来的社会风险等级起到较为准确的预测作用。风险管理人员可根据预测结果，结合主观分析和决策者的风险偏好，进行下一步的对策建议制定。

社会风险预警分析过程是针对于投产后石油涉外企业的日常运营过程，对社会风险事件的发生进行实时监测，根据历史数据构建的社会风险预警分析模型，对企业的日常工作起到很好的指导作用。

（5）社会风险预警应用检验

社会风险应用检验是综合运用预警评价和预警分析模型，用某石油涉外企业的实际案例进行社会风险的预警评价分析。

（6）社会风险预警政策

以某个石油涉外企业为例，建立社会风险预警管理体系，明确社会风险管理部门的责任分工，根据社会风险预警分析的结果，结合企业实际，制定石油涉外企业社会风险预警政策和制度，完善社会风险预警管理体制。

本章小结

本章主要对风险、社会风险、风险管理、预警管理的相关理论和方法进行了总结归纳和分析，详细地阐述了相关理论方法的起源、发展及应用，同时，对目前学者对于风险管理和预警管理已经提出的分析方法进行列举和对比。在分析社会风险理论时，着重在国际政治、国际经济等方面，站在全球一体化的高视野高角度上完善了社会风险的理论，对于本书石油涉外企业的社会风险现状起到了很好的理论指导作用。深入研究包括社会风险识别、社会风险预警评价、社会风险预警分析、社会风险应用检验、社会风险预警政策和明确基础信息在内的社会风险预警管理流程，基于此项研究，确定了石油涉外企业社会风险预警管理理论框架，对后面的章节起到指导作用。

社会风险理论在国际环境下，融入了更多的现实意义，它不再是仅仅限于对于社会风险的简单识别、评价、预警的过程，而是应把全局观深入到社会风险管理的每一个细微的步骤。当面临一个风险事件时，单一地分析评价该项风险，可能对于某个国家石油涉外企业的社会风险并未起到太大的影响，但是纵观全球的国际环境，这个微小的社会风险事件可能在国际社会上引起强烈的连锁反应，此时，若非是基于国际视角进行深入的分析，可能会给石油涉外企业带来致命的打击。相反，当一个石油涉外企业试图向一些高风险的国家拓展石油开采业务时，通过社会风险预警评价可能得到该国有极高的社会风险，若仅仅因为其社会风险的高等级就放弃该国的业务拓展，可能会错失很好的商机。此时，应综合考虑若向该国开展业务拓展会使公司在国际中的政治、经济方面获得的巨大利益，则做出有利于确立国际地位，有利于公司长远发展的正确决策。此时，更应该关注的是该公司向该高风险国家拓展业务过程中，面对极高的风险等级，如何制定一套完善、细致、行之有效的风险规避管理政策，使公司能够在风险中求生存和发展。同时值得我们注意的是，在进行此类重大决策时，石油企业重要决策者的风险偏好在很大程度上起到关键作用。

第3章 石油涉外企业社会风险预警评价指标体系构建研究

石油涉外企业社会风险预警评价指标体系及计算模型是判断石油涉外企业社会风险程度的关键，通过设计合理的社会风险预警评价指标和计算模型，可以判断出该企业的社会风险所处的安全状态。目前，对于石油涉外企业社会风险的描述方式一般都是定性的，定性分析较难给予该企业准确的预警结果，因此建立一个统一的可以定量评价石油涉外企业社会风险的预警评价指标体系是当前的发展方向。

本章在社会风险预警评价指标体系构建的基础上，分析了石油涉外企业社会风险的主要影响因素，研究每个影响因素对石油涉外企业社会风险的影响机理，建立适用于石油涉外企业社会风险评价预警的指标体系。该指标体系是后文中对石油涉外企业进行社会风险预警评价和预警分析的主要理论基础。

3.1 石油涉外企业社会风险预警评价指标体系设计方法

3.1.1 石油涉外企业社会风险预警评价指标体系的设计原则

要建立一个能高效运行的社会风险预警评价指标体系，必须以准确性、及时性、发展性、全局性为原则[129,137]。

（1）准确性

准确性指的是对石油涉外企业社会风险的预警评价和预警分析结果与其实际运行轨迹的一致性[138]。指标体系建立的准确度可以帮助社会风险管理者更加准确地把握社会风险的实时情况，可以更加准确及时地发出警报，采取相应措施策略，以达到防患于未然的目的。一个准确的社会风险预警评价指标体系可以为石油涉外企业的社会风险预警管理提供有效的理论基础，将潜在因素及时做出判断并加以有效控制，为石油涉外企业的稳定发展提供更加有力的保障。

（2）及时性

及时性强调的是社会风险预警的时效，预警信号能够越早发出，便能够给社会风险管理者留出越长的反应时间，有利于社会风险管理者做出更加准确的决定[139]。从社会风险被识别到判断出社会风险预警等级，再到社会风险部门根据风险预警等级做出决策和判断，最后到工作人员执行决策是一个连贯的过程，完成整个过程是需要一段时间的，而这个时间如果过长，便会产生一种滞后性，影响石油涉外企业社会风险管理工作的效果，所以，社会风险预警评价指标体系必须做到一定的预见性和超前性。

（3）发展性

伴随着人类社会不断向前发展的历史进程，社会风险也处在一个不断发展的过程当中[140]。不论是原始社会、奴隶社会、资本主义社会，还是社会主义社会，每个时代都会存在着具有时代特性的矛盾和冲突。石油涉外企业社会风险预警评价指标体系的设计过程要充分考虑石油涉外企业的发展进程和未来的发展趋势，根据石油涉外企业面临的社会风险的特点，以发展的眼光看问题、以全球的眼光看风险，设计一套可以适用于当今社会并且可以适应于未来社会发展的预警评价指标体系。

（4）全局性

全局性是指社会风险预警评价指标体系的独特视角，本章研究的是石油涉外企业社会风险预警评价指标体系，要充分针对石油涉外企业的特点设计，石油资源是全球的重要能源，与其相关的企业的生存和发展受到国际政治、国际经济、国际司法、国际宗教民族等国际大环境的制约和影响，因此本书中的研究并不是简单地针对狭义的社会风险进行研究，而是要站在国际视角上，全局考虑石油涉外企业在从事海外工程作业的过程中所面临的社会风险。

3.1.2 石油涉外企业社会风险预警评价指标的设计方法

石油涉外企业社会风险预警管理体系是指在科学理论指导基础上，在总结调研数据的基础上，对企业可能或者将要面临的安全隐患事先进行预测，因此，从分析影响石油涉外企业安全的社会因素入手，是设计该指标体系的基本思路。主要的设计方法如下[141]。

（1）文献研究法

大量阅读关于社会风险指标体系设计分析的政策法规、文件、论文、书籍，依据社会风险预警评价指标体系设计原则，结合头脑风暴法，深入研究石油涉外企业社会风险预警评价指标体系的各级指标。

（2）频次分析法

本书通过统计 2005—2012 年主要的社会风险事件类型，找出导致社会风险发生的直接原因，基于数据统计结果，对第一步通过文献研究法得出的指标体系进行修改[142]。

（3）实地调研法

在文献研究法和频次分析法的前提条件下，将设计完成的指标体系设计成问卷发放给在石油涉外企业海外工程项目进行海外作业的员工，进行实地调研，根据员工的问卷选择进行统计分析，依据"半数原则"，即某项的选择超过50%，则认为该项指标是有效的。从而进一步整理预警评价指标并确定石油涉外企业社会风险预警评价指标体系。

（4）德尔菲法

在基于文献研究和频次分析法的基础上，将设计出来的指标一一列出，询问专家[143]。主要选取石油涉外企业的风险项目主管、石油涉外企业海外工程项目安全负责人作为专家进行评分。将每个指标分为五个维度，按照1、2、3、4、5分来打分，得出隔层指标相对应的分值，选出分值超过3.5的因素，再将这些因素设计成问卷，发放到石油涉外企业以求证指标的可靠性。

3.2　基于两步法进行预警评价指标体系的建立

本书使用的两步法是指第一步运用文献研究法选取石油涉外企业社会风险预警评价指标体系中的一级指标和二级指标，第二步用频次分析法选取指标体系的三级指标。

3.2.1　基于文献研究法对预警评价指标体系的建立

目前，国内外有部分学者对石油涉外企业社会风险管理、社会风险预警管理、社会风险管理指标体系、预警指标选取等相关问题发表了一定量的学术论文，并有部分相关书籍出版，国家政府也出台了一些与此相关的法律条文或政策法规。本小节通过大量阅读相关的文件、文献、文章，主要包括世界银行、国际金融组织、国际反贫穷工程师协会、中国国家发展和改革委员会、北京市决策咨询委员会等机构组织的相关指导性手册文件、制度建议和其投资项目，同时借鉴国内外相关学者比较权威的研究理论，得出一套石油涉外企业社会风险预警评价指标体系。

3.2.1.1　对预警评价指标体系一级指标进行选取

对本书的石油涉外企业社会风险预警评价指标体系一级指标的选取起到较大的理论支撑作用的主要有几下几点。

（1）《对外投资合作境外安全风险预警和信息通报制度》

商务部在 2010 年 8 月 26 日印发了《对外投资合作境外安全风险信息通报制度》[144]。《对外投资合作境外安全风险预警和信息通报制度》明确了境外安全风险的种类，规定了境外安全风险预警和信息通报的程序、内容和形式，并对各驻外经商机构、各地商务主管部门和有关商（协）会做好风险预警和信息通报工作提出了具体要求。

我国石油涉外企业的海外工程项目属于对外投资合作的一种类型，所以，石油涉外企业社会风险预警评价指标体系可以借鉴《对外投资合作境外安全风险预警和信息通报制度》中对于风险种类的划分。

《对外投资合作境外安全风险预警和信息通报制度》中对于风险种类划分如下。

① 政治风险，指驻在国的政局变化、战争、武装冲突、恐怖袭击或绑架、社会动乱、民族宗教冲突、治安犯罪等。

② 经济风险，指经济危机、金融市场动荡、主权债务危机、通货膨胀、利率汇率变动等宏观经济形势变化。

③ 政策风险，指驻在国政府的财政、货币、外汇、税收、环保、劳工、资源政策的调整和国有化征收等。

④ 自然风险，指地震、海啸、火山、飓风、洪水、泥石流等自然灾害及重大流行性疾病。

⑤ 境外发生的可能对我国对外投资合作造成危害或形成潜在威胁的其他各类风险。

（2）《从一个海外工程项目看承包商的风险管理》

翟晓峰于 2006 年在文章《从一个海外工程项目看承包商的风险管理》中结合公路桥梁项目实践，分析了海外工程项目风险管理措施，提出首先应进行风险因素分析以及采取相应的措施，包括政治风险、经济风险、技术风险、商务及公共关系风险和管理风险[145]。

（3）《国际石油工程项目风险管理问题及对策研究》

臧子东于 2009 年在文章《国际石油工程项目风险管理问题及对策研究》中具体研究了国际石油工程项目风险管理问题，提出国际石油工程项目风险类别包括：政治风险、经济政策风险、地质风险、施工风险、石油市场风险[20]。

（4）《国际石油勘探开发项目政治风险的不确定性研究》

刘宝发于 2009 年发表论文《国际石油勘探开发项目政治风险的不确定性研究》，在文中，他基于《对外投资合作境外安全风险预警和信息通报制度》中对于风险种类的划分，将我国石油企业海外投资遇到的风险进行如下分类并进行详细阐述[146]。

① 政治风险。

政治风险指驻在国的政局变化、战争、武器冲突、恐怖袭击或绑架、社会动乱、民族宗教冲突、治安犯罪等。海外能源投资项目具有周期长、投资大、回收慢的特点，由于未来的国际及东道国的政治不确定性，使得政治风险的存在成为必然。

② 政策风险。

政策风险主要指驻在国政府的财政、货币、外汇、税收、环保、劳工、资源政策的调整和国有化征收等。政策的改变构成了企业海外投资最普遍最直接的风险

③ 经济风险。

经济风险指经济危机、金融市场动荡、主权债务危机、通货膨胀、利率汇率变动等宏观经济形势变化。经济风险表现为项目所在国在外汇管理、税收制度、劳资关系等与项目有关的敏感性问题方面的立法不健全、管理不完善、经常变动等。

④ 自然风险。

自然风险指地震、海啸、火山、飓风、洪水、泥石流等自然灾害及重大流行性疾病。一旦海外投资遇到这些不可抗的自然灾害或疾病，所带来的损失不可估量。

⑤ 跨文化管理风险。

我国石油企业开展海外业务，必须按照东道国市场经济规则运行，但我国石油涉外企业海外投资很少实施本土化经营战略，对东道国民族主义势力影响考虑不足，这样很难得到当地政府和公众的认同，容易引起排华情绪。另外，我国石油涉外企业缺乏对东道国文化差异的识别和认同，难以与当地消费者沟通，加大了我国石油企业文化管理的风险。

⑥ 国际竞争风险。

国际竞争出现了干预主题多元化特点，世界石油进口大国、石油公司、东道国利益集团等纷纷对我国石油企业海外投资进行干涉。大型国家石油公司以其资金、设备、技术、经验、人才及市场形象等优势，在国际石油合作中占据主导地位，而我国海外石油业务拓展中所能得到的是开采殆尽的地区、高风险或者战乱地区。除了跨国石油公司的挤压，东道国的石油公司常常通过游说政府、操纵舆论等非市场手段排挤我国石油企业的进入。

3.2.1.2 本书研究

以上研究对石油企业的风险根据其不同的研究目的和研究对象，进行了分

类。对于本书中的研究而言,主要的重点一是石油涉外企业,二是在海外工程的项目,三是基于全球的高视角,四是面临的社会风险。基于这四个基本出发点,综合以上几个专家学者的观点,本书将初步确定石油涉外企业社会风险预警评价指标体系的一级指标,然后选取预警评价指标体系二级指标。

(1)确定一级指标

本书将石油涉外企业社会风险预警评价指标体系的一级指标确定为以下5个。

① 社会风险。

此处社会风险指的是狭义的社会风险。石油涉外企业的海外工程项目所处的国家由于多民族多种族多外来国家等因素的存在,导致内部存在极大的社会风险,入室抢劫不断、地区病泛滥、罢工游行事件时有发生,在这样动荡的社会中,做好对于社会风险的预警管理势在必行。

② 政治风险。

石油资源是关乎国家经济命脉的主要资源,所以无论是国际政治,还是国内政治上的任何风吹草动都会对石油资源相关产业产生深远影响,石油原产国多属于一些政治不稳定、恐怖主义泛滥、国际多边关系不稳定、武装冲突不断的国家,所以政治风险不容忽视。

③ 经济风险。

经济风险指经济危机、金融市场动荡、主权债务危机、通货膨胀、利率汇率变动、贸易壁垒、税收政策、合作方不能支付等经济形势变化所产生的社会风险,都会对石油涉外企业产生连带影响。

④ 文化风险。

由于我国石油涉外企业的海外工程项目都是在多民族多种族的国家和地区,首先语言上沟通困难,文明程度不尽相同,文化差异也相当大。特别是中东一些相对保守的国家,经过世界上几次石油争夺战的迫害之后,当地群众的排外情绪更为严重,所以,文化上的风险不容忽视。

⑤ 不可抗拒力风险。

不可抗拒力风险指地震、海啸、火山、飓风、洪水、泥石流等自然灾害及重大流行性疾病等非人为力量可以抗拒的社会风险。

(2)选取二级指标

确定了石油涉外企业社会风险预警评价指标体系中的一级指标之后,对预警评价指标体系二级指标进行选取。

一级指标从全局角度概括了石油涉外企业所面临的主要社会风险的几大方面,基于一级指标选取,继续使用文献分析法,通过阅读大量相关学术文献作为理论支撑，归纳总结出石油涉外企业社会风险预警评价指标体系的二级指标如下。

① 社会风险。

尹建军在2008年进行研究表明[147]，社会风险是当今世界面临的不可忽视的重要风险，社会的稳定程度直接影响着一个社会的文明和发展。同时根据历史资料表明，各种突发性公共事件也对社会风险起到很大的影响，所以将社会风险分为突发公共卫生事件和社会稳定两个主要风险指标。

② 政治风险。

张贵洪、蒋晓燕的研究显示，政治风险包括涉外企业的母国与东道国在外交、军事上的密切程度和东道国的政治稳定性、国有化的可能性、工会运动的传统等。其中便囊括了国际多边关系、武装冲突两个主要的风险指标[148]。

杜奇华和须俊都对政治风险进行了研究，认为政治风险指的是政府政策的不稳定性、政局动荡、战争等因素，导致该国外国投资者投资价值遭受损失的不确定性[149,150]。

石油原产国恐怖主义事件的发生对于石油涉外企业社会风险产生的影响已经多次由各个新闻媒体报道。

综上，一级指标政治风险，可划分为政权交替、武装冲突、恐怖主义、国际多边关系等四个二级指标。

③ 经济风险。

国内学者郑小玲提出，东道国的经济政策变化，可以给在该国投资的企业造成极大的风险[151]。

杜奇华和须俊提出，各项经济政策的变化对于石油涉外企业的国际投资会产生很大的影响[105,106]。

综上可将一级指标经济风险划分为金融风险和财政政策两个二级指标。

④ 文化风险。

杜奇华和须俊在文章中明确提出，民族或宗教派别冲突会对国际投资的企业产生极大的社会风险[105,106]。

杨琳、罗鄂湘在2010年发表文章《重大工程项目社会风险评价指标体系研究》，提出重大工程项目在文化方面的社会风险因素包括"项目与当地民族风俗习惯和宗教的融合度"、"项目对当地人文景观破坏度"，工程项目若背离当地民族风俗习惯和宗教传统，都有可能引发社会冲突事件，提高石油涉外企业社会风险[152]。

综上，将一级指标文化风险划分为民族习惯、宗教信仰和文化差异三个二级指标。

⑤ 不可抗拒风险。

不可抗拒风险指的是地震、海啸、火山、飓风、洪水、泥石流等自然灾害这些非人为可控制的风险，所以二级指标中不做具体划分。

基于文献分析法得到的石油涉外企业社会风险预警指标体系中的一级指标和二级指标初步设定如表 3.1 中所示。

表 3.1　　　　　　　　石油涉外企业社会风险一级、二级指标设计表

一级指标	二级指标
社会风险	突发公共卫生事件
	社会稳定
政治风险	政权交替
	武装冲突
	恐怖主义
	国际多边关系
经济风险	金融风险
	财政政策
文化风险	民族习俗
	宗教信仰
	文化差异
不可抗拒风险	

3.2.2　基于频次分析法对预警评价指标体系的完善

在得到二级指标之后，大量搜集国际上具有强大影响力的媒体的相关报道和中石油、中石化、中海油等重要石油涉外企业在海外项目所在国家和地区进行生产作业中遇到的社会风险事件，对相关报道和三大石油涉外企业内部安全生产周报的数据做详细统计，统计发生二级指标所包含的风险事件的频次，并且针对统计数据，将二级指标细化为若干个三级指标，具体操作过程如下。

第一步，设计指标出现频次统计表，如表 3.2 所示。

表 3.2　　　　　　　　　　指标出现频次统计表

一级指标	二级指标	频次统计
社会风险	突发公共卫生事件	
	社会稳定	

续表 3.2

一级指标	二级指标	频次统计
政治风险	政权交替	
	武装冲突	
	恐怖主义	
	国际多边关系	
经济风险	金融风险	
	财政政策	
文化风险	民族习俗	
	宗教信仰	
	文化差异	
不可抗拒风险		

　　第二步，石油是全球性重要能源，所以关于石油的每一次重要事件都会受到国际媒体的关注，因此，查阅 *Control risk*、环球时报、纽约时报、泰晤士报四份全球最具影响力媒体，记录 2010 年 1 月至 2012 年 12 月期间，国际报道的发生在石油原产国所有的社会风险事件，将其发生频次记录到表 3.2 中。

　　第三步，同时浏览中石油、中石化、中海油等我国石油龙头企业的官方网站，下载安全周报，并且实地调研中国石油长城钻探工程有限公司的风险管理部门，获得一手数据。记录统计出重要石油企业在 2010 年 1 月至 2012 年 12 月三年间发生的社会风险事件的详细记录，将统计结果记录到表 3.2 中。

　　第四步，将统计到的曾发生的社会风险事件，根据其特点基于石油涉外企业社会风险预警评价指标体系的二级指标分类成三级指标，并通过频次分析法对三级指标进行筛选，去除发生次数极少的不重要指标，得到石油涉外企业社会风险预警评价指标体系的三级指标 27 个，如表 3.3 所示。

表 3.3　　　　　　　石油涉外企业社会风险预警评价指标体系

一级指标	二级指标	三级指标
社会风险	突发公共卫生事件	传染病
		地区病
	社会稳定	罢工
		游行
		袭击单位
		抢劫

续表 3.3

一级指标	二级指标	三级指标
政治风险	政权交替	选举
		政变
		其他
	武装冲突	国家之间
		部落之间
		政府与反政府武装之间
	恐怖主义	恐怖主义组织
		恐怖主义事件
	国际多边关系	国际组织
		国家之间
经济风险	金融风险	汇率变动
		合作方不能支付
	财政政策	税收政策变动
		贸易壁垒
文化风险	民族习俗	生活习惯
		性别习俗
	宗教信仰	宗教活动
		宗教习惯
	文化差异	文化抵触
		文化习惯与发展水平
不可抗拒风险		气象灾害、海洋灾害、洪水灾害、地质灾害、地震灾害

3.3 运用实地调研法对预警评价指标体系进行修改

在经过运用两步法初步建立起石油涉外企业社会风险预警评价指标体系之后,对该指标体系进行第一轮修正,修正指标体系采用实地调研法。设计"石油涉外企业社会风险"调查问卷,问卷中包括主观评分和开放性问题两个部分。请问卷被调查者根据已有的指标的重要程度进行评分,并且对于该指标体系存在的其他看法进行开放性回答。

问卷的发放主要通过两个渠道。

第一，发放到我国主要石油涉外企业海外工程项目所在国的一线作业工人手中，请工人根据当地的实际情况和自身的亲身经历对已设计好的各级指标进行打分。

第二，深入北京理工大学、北京语言大学、北京外国语大学、北京科技大学、北京航空航天大学、北京邮电大学等重点高校，将问卷发放到从石油原产地来到中国进行学习的访问学者手中。请各国访问学者根据自己对于母国的了解和判断，对已设计好的各级指标进行客观的打分。

共发放问卷 200 份，其中回收问卷 200 份，有效问卷 186 份。将问卷回收后进行数据统计，输入石油涉外企业社会风险预警评价指标重要程度统计表中，将得到的有效数据进行加权平均，得分小于 1.5 的指标进行修改、调整或删除，同时统计开放性问题的答案，整理筛选出有意义的意见，对指标体系进行修改。最终得到 5 个一级指标，13 个二级指标，31 个三级指标，从而形成图 3.1 所示的评价预警指标体系。

3.4　通过 Delphi 法确立预警评价指标体系

3.4.1　调查对象的选取

首先建立备选专家库。调查对象来源于 3 个方面：一是我国重要石油企业中风险管理部门的工作人员；二是我国重要石油企业中项目管理部门的工作人员；三是我国重要石油企业中常年赴海外工程项目所在国家和地区的工作人员。然后参照 Delphi 法广泛使用的标准[153]选择专家组成员拟定名单，具体标准如下。

① 具备高级技术职称；

② 从业年限至少 5 年；

③ 做过相关部门的领导管理工作，熟悉石油涉外企业海外项目工程作业的各个流程。

调查对象的数量选择也要根据 Delphi 法的基本要求。Delphi 法的预测精度随参加人数增加而提高，但当专家人数接近 15 人时，进一步增加人数对预测精度影响不大。因此，本书选择 15 名专家进行 Delphi 咨询，发出专家咨询问卷 15 份，回收率 100%。

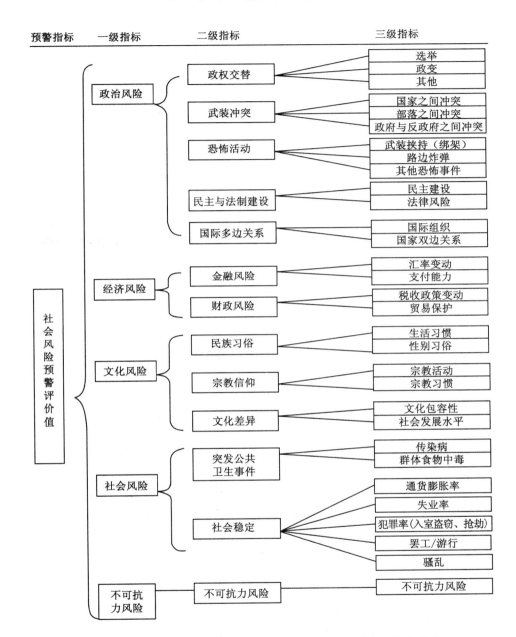

图 3.1 基于实地调研法的石油涉外企业社会风险预警评价指标体系

表 3.4 调查对象基本情况表

基本情况		人数	构成比/%
主要工作部门	风险管理部门	6	40.00
	项目部	3	20.00
	海外作业	6	40.00
职称	正高	7	46.67
	副高	8	53.33
学历	研究生	4	26.67
	本科	11	73.33

3.4.2 Delphi 法的实施步骤

在上一小节中，已经通过文献研究法和频次分析法，完成了 Delphi 法的第一步，接下来，设计专家咨询表。本书所编制的专家咨询问卷内容包括研究背景、知情同意书、专家基本情况、专家对研究问题的熟悉程度。问卷涉及的主要问题如下。

① 所列出的石油涉外企业社会风险预警评价指标的重要性；

② 石油涉外企业社会风险预警评价指标的可行性；

③ 专家对该指标的熟悉程度；

④ 专家做出判断的依据。

问卷回收后，对全部资料收集并进行核查，将问卷数据输入计算机，采用 Excel 建立数据库，应用 SPSS 软件进行相关指标的统计分析。描述性分析用均值（$\bar{x}$）、标准差（S）、变异系数（C_V）、Kendall（W）协调系数表示；专家意见权威程度用指标的权威程度系数（C_r）表示；专家意见的协调程度用 C_V 及 Kendall（W）表示；专家积极系数用调查问卷回收率表示；用重要性和 C_V 共同确定指标的取舍[154]。具体指标计算方法如下。

$$专家积极系数 = \frac{回收咨询表份数}{发出咨询表总份数} \times 100\%$$

$$熟悉程度系数 = \frac{熟悉程度分值}{3}$$

$$判断依据系数\ C_a = \frac{\dfrac{理论分析分值}{3} + \dfrac{实践经验分值}{3} + \dfrac{直觉分值}{3}}{4}$$

$$权威程度系数\ C_r = \frac{熟悉程度系数 + 判断依据系数}{2}$$

3.4.3 Delphi 法的结果

（1）专家的积极系数

研究中共选择了 15 名专家。首先，我们关注两轮专家咨询表的有效回收率，针对专家的积极系数而言，均为 100%（15/15）。第二，关注两轮专家的反馈时间，第一轮专家的评卷反馈时间为 6.31 天，第二轮专家的评卷反馈时间为 5.63 天，由此可见，两轮专家的反馈时间均小于 10 天。第三，关注专家提出建议情况，第一轮专家提出书面额外修改建议占专家总数的 33.33%，第二轮专家提出书面额外修改建议占专家总数的 40%。

（2）专家的权威程度

两轮专家咨询的 C_r 值为 0.79，0.81，第二轮咨询，18 位专家对各项指标的熟悉程度较高，C_a 为 0.86，分布 0.81~0.93，且做出判断的依据有理论基础或实践经验，两轮专家咨询的 C_s 依次为 0.74，0.75。

（3）专家意见的集中程度和变异系数

根据第一轮专家咨询的结果，删除了 1 个一级指标，修改了 3 个二级指标，修改了 1 个三级指标，删除了 2 个三级指标。指标体系由原来的 49 个指标逐步确定为 45 个指标，其中一级指标 4 项，二级指标 12 项，三级指标 29 项。第二轮专家咨询各项指标的可操作性和重要性的均值分布和变异系数如表 4 所示，42 个指标的可操作性得分均在 2 分以上。指标重要性得分均不小于 4 分，仅有两个指标的 $C_V > 25\%$，经进一步专家讨论予以保留。最终得到石油涉外企业社会风险预警评价指标体系如图 3.2 所示。

（4）专家意见的协调程度

两轮专家咨询的 Kendall 协调系数 W 分别为 0.383 和 0.467，且均有统计学意义（$p < 0.05$）。

3.5 石油涉外企业社会风险预警评价指标体系结构

预警评价指标是社会风险预警的核心问题，不同的指标体系结构会得出不同的评价结论。结合影响石油涉外企业社会风险因素分析以及石油涉外企业海外工程项目运行的实践，在可测性、可靠性、充分性、最小性、全面性、灵敏性、代表性、独立性、逻辑性等指标体系构建原则的指导下，严格按照石油涉外企业社会风险指标体系的设计步骤和流程,将该指标体系分为政治风

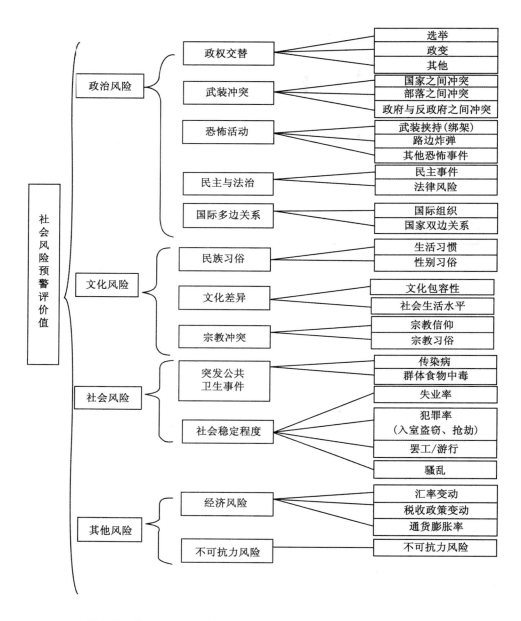

图 3.2　基于 Delphi 法的石油涉外企业社会风险预警评价指标体系

险、经济风险、文化风险、社会风险、不可抗力风险五大类。这五类风险形态多样且相互关联、价差、渗透，共同作用于石油涉外企业社会风险组合，对其具有叠加、放大的效应。指标体系应反映出石油涉外企业海外工程项目社会风险的主要影响因素，也要适应预警评价模型和预警分析的需要，所有的定性指标和定量指标可量化。

3.5.1 对一级指标的描述

（1）政治风险

政治风险给石油涉外企业海外项目正常施工可能带来不利影响的政治突发事件，指由于东道国发生战争、内乱的可能性，政治稳定性，政策连续性，或东道国与我国和其他国家政治关系发生重大变化带来的风险。政治风险有社会、经济、纯政治等因素，其中包括信仰、宗教、社会不安定、政治领导层的派系势力、极端主义、新的国际关系、武装冲突、债务危机、立法改变等。不同文化背景和文化环境下的人群存在不同的思维方式和行为方式，从而产生的价值观念和思维方式的差异引起的对外来企业的抵触，可能导致风险。

（2）文化风险

石油原产国和地区多是属于多民族多种族融合的国家和地区，不同民族和不同种族的文化差异，是石油涉外企业在进行海外工程项目过程中面临的棘手问题。如何处理好民族习俗、宗教习俗和文化差异等带来的负面影响，是企业必须仔细考量并且妥善处理的问题。

（3）社会风险

狭义的社会风险，是与政治风险和经济风险相区别的一种风险，包括个人行为失常，如盗窃等引起的社会不稳定和不可预料的团体行为。还有因社会公共生活中产生的事故、不平等、不公平而带来的社会不稳定。

（4）其他风险

包括全球一体化带来的经济风险和因自然因素带来的不可抗拒风险。

3.5.2 对二级指标的描述

对石油涉外企业社会风险预警评价指标体系的二级指标描述如表 3.5 所示。

表 3.5　　石油涉外企业社会风险预警评价指标体系二级指标说明表

一级指标	二级指标	指标说明
政治风险	政权交替	指由于选举、政变等导致的政权的变化
	武装冲突	在国际法上主要是指国家间相互使用武力而发生的未构成法律上战争状态的武装敌对行为。是一种未构成法律上战争状态的武装冲突，没有正式的开始方式，没有宣告或通知，只有实际的战斗行动
	恐怖活动	指恐怖分子制造的危害社会稳定、危及人的生命与财产安全的一切形式的活动，通常表现为爆炸、袭击和劫持人质（绑架）等形式，与恐怖活动相关的事件通常称为"恐怖事件""恐怖袭击"等
	民主与法治	国家或地区的民主权利推进和立法、执法、司法、守法和监督法律实施程度
	国际多边关系	一般指参加同一国际组织或某个活动的多个国家之间的关系
文化风险	民族习俗	个人或集体的传统、传承的风尚、礼节、习性
	宗教冲突	不同宗教、教派之间由于信仰、习俗的不同而产生的矛盾。有对抗性和非对抗性两种表现
	文化差异	指国家或地区之间文化领域的不同
社会风险	突发公共卫生事件	指已经发生或者可能发生的、对公众健康造成或者可能造成重大损失的传染病疫情和不明原因的群体性疾病，还有重大的食物中毒，以及其他危害公共健康的突发公共事件
	社会稳定程度	社会系统运行的有序性和连续性状态
其他风险	经济风险	不是传统的可能导致经济损失的风险，而是海外项目部由于项目部所在国的经济政策、税收政策等对项目经营产生的风险以及项目所在国的金融风险
	不可抗力风险	指影响较大的自然灾害，如飓风、海啸、地震、暴雨、暴雪、泥石流、火山爆发等

3.5.3　对三级指标的描述

对石油涉外企业社会风险预警评价指标体系的三级指标描述如表 3.6 所示。

表 3.6　　石油涉外企业社会风险预警评价指标体系三级指标说明表

一级指标	二级指标	三级指标	指标说明
政治风险	政权交替	选举	一种具有公认规则的程序形式，人们据此而从所有人或一些人中选择几个人或一个人担任一定职务。这里指国家或者地区的选举
		政变	统治集团少数人通过密谋，用政治或暴力手段等非正常途径实现权力转移的行为。包括军事政变和非军事政变，流血政变和不流血政变
		其他	除了选举和政变之外的其他政权交替的活动
	武装冲突	国家之间冲突	指两个或多个国家之间产生的摩擦和冲突
		部落之间冲突	指两个或者多个部落之间产生的摩擦和冲突
		政府与反政府之间冲突	指政府武装与反政府武装之间的摩擦和冲突
	恐怖活动	武装劫持（绑架）	一种犯罪行为，对被害人非法实行暴力手段达到挟持人质的过程，通常会通过这种行为达到敲诈、勒索以及其他条件或者目的
		路边炸弹	简易爆炸装置，是一种制作简单、威力巨大的爆炸装置
		其他恐怖事件	指除了上述两种恐怖事件外的其他恐怖事件
	民主与法制建设	民主状况	指通过努力保障人民享有更多更切实的民主权利的进程
		法律风险	指在法律实施过程中，由于企业外部的法律环境发生变化，或由于包括企业自身在内的各种主体未按照法律规定或合同约定行使权利、履行义务，而对企业造成负面法律后果的可能性
	国际多边关系	国际组织	具有国际性行为特征的组织，是三个或三个以上国家（或其他国际法主体）为实现共同的政治经济目的，依据其缔结的条约或其他正式法律文件建立的有一定规章制度的常设性机构
		国家双边关系	指两个国家一对一的关系

续表 3.6

一级指标	二级指标	三级指标	指标说明
文化风险	民族习俗	生活习惯	当地居民日常生活中养成的固定的习惯
		性别习俗	风俗习惯中涉及男女性别方面的习惯和禁忌
	宗教冲突	宗教信仰	指信奉某种特定宗教的人们对所信仰的神圣对象（包括特定的教理教义等），由崇拜认同而产生的坚定不移的信念及全身心的皈依
		宗教习俗	建立在宗教基础上的社会生活中的一些习惯风俗
	文化差异	文化包容性	指一个地区或国家对外来文化的接纳程度
		社会生活水平	指一个国家或地区的社会生活状况
社会风险	突发公共卫生事件	传染病	指由各种致病性微生物或病原体引起的具有传染性的疾病，由于传染病具有传播的特性，因此，是危害人类身体健康，威胁人类生命安全的重要疾病。例如非典、禽流感、猪流感等
		群体食物中毒	指大面积的人群食用了被有毒有害物质污染的食品或者食用了含有毒有害物质的食品后出现的急性、亚急性疾病
	社会稳定程度	失业率	指失业人口占劳动人口的比率（一定时期内全部就业人口中有工作意愿而仍未有工作的劳动力数字），是反映一个国家或地区失业状况的主要指标
		犯罪率（入室盗窃、抢劫）	一定时空范围内犯罪者与人口总数对比计算的比率，是犯罪密度相对指标之一
		罢工/游行	工人为了表示抗议，而集体拒绝工作的行为，某些社会事件引发的广大群众在街上结队而行进行示威的行为
		骚乱	指由大量民众引发的动荡的局面
其他风险	经济风险	汇率波动	指货币对外价值的上下波动，包括货币贬值和货币升值
		税收政策变动	政府根据经济和社会发展的要求而确定的指导制定税收法令制度发生变动
		通货膨胀率	是货币超发部分与实际需要的货币量之比，用以反映通货膨胀、货币贬值的程度
	不可抗力风险	不可抗力风险	指影响较大的自然灾害，如飓风、海啸、地震、暴雨、暴雪、泥石流、火山爆发等

本章小结

本章详细阐述了石油涉外企业社会风险的特点及社会风险预警评价指标体系的设计原则，对石油涉外企业社会风险的特点进行分析，运用两步法建立石油涉外企业社会风险预警评价指标体系，针对石油涉外企业的社会风险特征设计调查问卷、实地调研法对指标体系进行第一轮修改，根据修改后的指标体系再次设计调查问卷，运用 Delphi 法邀请专家组对指标体系进行两轮修正，最终确定。该石油涉外企业社会风险预警评价指标体系对石油涉外企业社会风险预警评价和预警分析提供了理论基础。

第4章　石油涉外企业社会风险预警评价建模研究

　　石油涉外企业面临的社会风险是多方面的，复杂而又繁琐的，在第3章中已经建立起完善的预警评价指标体系，对于石油涉外企业面临的社会风险已经有了直观的认识，那么，如何基于预警评价指标体系对于某石油涉外企业的社会风险进行预警评价？在石油涉外企业计划到某个国家或地区进行投产之前，如何根据国际媒体对于该国家或地区社会风险事件的相关报道数据建立一套完善的预警评价模型，用以评价该国家或地区所处的社会风险等级？如何能够对于石油涉外企业社会风险管理部门产生实际的重要指导意义？这是本章需要解决的重点问题。

　　在计划投产阶段，对于社会风险预警管理主要考虑的是宏观上比较重要的因素，在建模的方法的选择中融入可以将大量数据做降维处理的主成分分析法。众所周知，石油原产国家或地区多是出于战争频发、政局不稳、社会较为动荡的高风险国家或地区，所以在考虑石油涉外企业是否在该国进行投产时，应综合考虑国家利益、长远利益等方面因素，并不可因为社会风险等级高就停止开采计划，此时更应分析研究的是根据社会风险预警评价的结果，如何制定出一套针对该国家或地区的预警方案，如何能够让石油涉外企业在"走出去"的同时，最大程度地保证人员和物质安全、处理好和进驻国家及周边国家的关系。

　　而对于石油涉外企业面临较高的风险预警评价等级时依然坚定地选择走出去，在很大程度上取决于企业的风险偏好。企业的风险偏好会对企业发展路径选择产生很大的影响。在石油涉外企业决定是否"走出去"的过程中，基于国家民族及全球战略性地位的考虑，大多会采取"风险追求"而非"风险厌恶"的风险偏好。

4.1　石油涉外企业社会风险预警评价建模数据来源

　　理论研究的目的是通过分析解决实际问题，所以本章的分析思路是根据石油涉外企业的特点，结合分析可以准确获得的相关数据的特点，确定建模所使用的方法。根据第 3 章得到的社会风险预警评价指标体系，本章试图发掘出三级指标中发生的社会风险事件与风险评价值之间的内在联系，建立的风险预警评价模型可以通过某个石油原产国家或地区在近半年内发生的社会风险时间的报道，从而判断该国家或地区所处的社会风险等级。基于这种考虑，本书需要选取国际上比较重要的 25 个石油原产国家或地区，大量搜集近二十年内该国家或地区发生社会风险事件的报道，同时大量搜集国际上具有影响力的风险评估机构或者权威风险评估部门，对于该国家或地区在不同时期内的风险等级评价结果，进而找出三级指标与风险评价等级之间的对应关系。

4.2　石油涉外企业社会风险预警评价方法的选择

前文中已经阐述，石油涉外企业社会风险的预警管理要明确分为对于一个石油原产国家或地区投产前和投产后两个阶段，首先对于开采前的阶段，如何帮助石油涉外企业正确认识准备入驻的国家或地区其社会风险等级状况是本章研究的重点。基于这种目的，在建模方法的选择上，也要考虑其数学意义和实用性高低。

在针对准备入驻的国家或地区进行社会风险预警等级评价时，石油涉外企业需要考虑的是产生重大因素的主要成分，并且希望能够得到一个由三级指标中包含的风险事件的发生频次判断出社会风险等级的直观模型，即基于若干个自变量的取值判断出因变量的过程。基于这种需求，可知本章适用的建模方法为回归分析法。而单纯的回归分析是无法实现系统建模的，本节经过数据分析得出核主成分回归模型最适用于构建本书中需要的石油涉外企业社会风险预警评价模型。以下对建模方法选择过程进行详细分析阐述。

4.2.1　回归分析判定

回归分析就是采用量化分析的方法，研究自变量 x 与因变量 y 之间的这种统计关系[155]。事实上，在统计关系中，认为因变量 y 的变化可以由两方面的因素造成：一方面是系统性的因素，如果自变量是 x，则系统因素往往可以表达成 x 的函数形式 $f(x)$；另一方面，在 y 的变动中还存在大量的随机因素，他们的综合效果被记为 ε。随机因素 ε 常常使得 y 偏离函数 $f(x)$，然而又不破坏 $f(x)$ 的系统趋势。进行回归建模的目的，就是要通过对观测数据的分析，建立因变量 y 与自变量 x 的统计模型。在这个模型中，能够很好地辨识数据中的系统因素 $f(x)$，并将它与随机因素项区分开来。

本书所要研究的问题，就是由三级指标通过模型计算得到风险预警评价值的过程，需要建立一个三级指标作为自变量 x 风险预警评价值作为因变量 y 的回归模型。根据回归分析的原理得到，这类问题属于多元线性回归，其理论模型为

$$y = \beta_0 + \beta_1 x_1 + \beta_2 x_2 + \cdots + \beta_p x_p + \varepsilon ,$$

式中，ε 为随机误差。

如果对 y 和 x_1，x_2，$\cdots$，x_p 分别进行 n 次独立观测，取得样本（y_i，x_{i1}，x_{i2}，$\cdots$，x_{ip}）（$i = 1$，2，$\cdots$，n），这 n 对观测值之间的关系符合模型

$$y_i = \beta_0 + \beta_1 x_{i1} + \beta_2 x_{i2} + \cdots + \beta_p x_{ip} + \varepsilon_i ,$$

并且

$$E(y_i \mid x_1 = x_{i1} , x_{i2} , \cdots , x_p = x_{ip}) = \beta_0 + \beta_1 x_{i1} + \beta_2 x_{i2} + \cdots + \beta_p x_{ip}$$

式中，β_0，β_1，$\cdots$，β_p 称为总体回归参数。

采用矩阵的写法，可以把上述线性回归模型写为

$$\boldsymbol{Y} = \begin{bmatrix} y_1 \\ y_2 \\ \vdots \\ y_n \end{bmatrix}_{n \times 1} , \quad \boldsymbol{X} = \begin{bmatrix} 1 & x_{11} & x_{12} & \cdots & x_{1p} \\ 1 & x_{21} & x_{22} & \cdots & x_{2p} \\ \vdots & \vdots & \vdots & & \vdots \\ 1 & x_{n1} & x_{n2} & \cdots & x_{np} \end{bmatrix}_{n \times (p+1)} , \quad \boldsymbol{\beta} = \begin{bmatrix} \beta_0 \\ \beta_1 \\ \vdots \\ \beta_p \end{bmatrix}_{(p+1) \times 1} ,$$

$$\boldsymbol{\varepsilon} = \begin{bmatrix} y_1 \\ y_2 \\ \vdots \\ y_n \end{bmatrix}_{n \times 1}$$

则用矩阵表示的线性回归模型为

$$\boldsymbol{Y}_{n \times 1} = \boldsymbol{X}_{n \times (p+1)} \boldsymbol{\beta}_{(p+1) \times 1} + \boldsymbol{\varepsilon}_{n \times 1} ,$$

式中，$\boldsymbol{Y}$ 为因变量观测值向量；$\boldsymbol{\beta}$ 为总体参数向量；$\boldsymbol{X}$ 为自变量观测值矩阵，它是一个 $n \times (p + 1)$ 维的数据表；$\boldsymbol{\varepsilon}$ 为随机误差向量。

针对本书的情况，比较容易并且准确获得的数据是国际上重要媒体对于世界上主要的 25 个石油原产国家或地区发生社会风险事件的报道的频次统计和国际上具有影响力的风险评估机构对于该国家或地区不同时期的风险等级评价结果。本书将第 3 章设计出的石油涉外企业社会风险预警评价指标体系中的三级指标作为自变量，风险预警评价值作为因变量，试图根据过去的历史数据，得到回归模型中的总体参数向量，进而确定回归模型，可根据某企业在某国的海外工程作业过程中遇到的社会风险事件，得到风险评级。

对于多元线性回归模型，有一个假定是十分重要的，就是自变量 x_1，x_2，$\cdots$，x_p 之间不可以存在严重的相关性。所以，首先要对自变量进行相关性检

验。运用 SPSS 软件，对 29 个指标进行相关性检验，相关矩阵表如表 4.1 所示，由相关矩阵可以看出很多指标之间存在着较高程度的相关关系，因此，本书要首先降低指标之间的相关程度，这样才能运用多元线性回归模型。

表 4.1 三级指标之间相关矩阵表（截表）

	选举	政变	其他	国家之间冲突	部落之间冲突	政府与反政府武装之间冲突	武装劫持（绑架）
选举	1.000	0.654	0.498	0.279	0.436	0.379	0.686
政变	0.654	1.000	0.487	0.277	0.257	0.645	0.596
其他	0.498	0.487	1.000	0.131	0.295	0.304	0.392
国家之间冲突	0.279	0.277	0.131	1.000	0.621	0.364	0.561
部落之间冲突	0.436	0.257	0.295	0.621	1.000	0.515	0.542
政府与反政府武装之间冲突	0.379	0.645	0.304	0.364	0.515	1.000	0.547
武装劫持（绑架）	0.686	0.596	0.392	0.561	0.542	0.547	1.000

4.2.2 主成分分析判定

在上一小节的分析中，由于观测指标数量很大，而这些观测指标之间存在着较高程度的相关关系，这样在计算过程中，为了合理地降低计算量，可以选择主成分分析法作为降维方法，降维之后再进行回归分析。

主成分分析也称主分量分析，旨在利用降维的思想，把多指标转化为少数几个综合指标[156]。在统计学中，主成分分析（principal components analysis, PCA）是一种简化数据集的技术。它是一个线性变换，这个变换把数据变换到一个新的坐标系统中，使得任何数据投影的第一大方差在第一个坐标（称为第一主成分）上，第二大方差在第二个坐标（第二主成分）上，依此类推。主成分分析经常用减少数据集的维数，同时保持数据集对方差贡献最大的特征。

理解主成分分析的原理需要特别注意以下两个方面[157]。

其一，数学模型及其统计特征。

$$F_{m \times 1} = A'_{p \times m} X_{p \times 1} ,$$

为保证线性组合的系数确定、唯一，模型需要满足：

① $\mathrm{Cov}(F_i, F_j) = 0$ ，即各个主成分之间互不相关。

② $\mathrm{Var}(F_i) = \lambda_i$ ，λ_i 是 $\mathbf{R}$ 的第 i 大特征根；主成分的形成顺序按照方差大小排列，即第一主成分方差最大，第二主成分方差第二大，以此类推。

③ $A'_{p \times m} A_{p \times 1} = I_{m \times m}$ ，即系数阵是单位阵。

其二，系数阵的特征和估计。应用主成分模型的关键是估计系数阵 $A'_{p \times m}$ 。多元统计学已经证明：$A'_{p \times m} = (e_1, e_2, \cdots, e_m)$ ，e_1 是 $\mathbf{R}$ 的特征根 λ_i 对应的单位特征向量。

4.2.3　核主成分分析判定

在进行主成分分析中，特别要注意的一个问题是，进行分析的数据必须存在较强的线性相关性，这样做出的分析才是有效的。但是经过上一小节中的相关性分析可以得出，三级指标中获得的数据是非线性相关的，这样就必须把非线性难题运用数学方法使其线性化，于是，本书建模过程中引入核函数的思想。

（1）核函数原理[158]

在模式识别领域中，处理某些非线性难题时，通常会引入一个较为复杂的非线性变换函数 $f(x)$ ，通过将数据由原始的特征空间映射至一个高维空间中，继而在新的高维空间中解决问题。然而，直接通过非线性映射存在如下 3 点不足之处。

① 计算复杂度与原始数据维数呈线性相关，维数越高，计算复杂度越高。

② 除原始数据外并无相关的先验知识，则映射后难以得到准确的特征。

③ 非线性变化十分复杂，难以确定 $f(x)$ 恰当的显式。

核方法是解决非线性模式识别的一系列先进方法的总称，其特点是这些方法都应用了核映射学者们关于核方法的研究，在近十多年来渐渐增多，提出了许多基于核方法的理论。核方法的核心在于引入了核函数，将高维特征空间中的内积计算转化成原始空间中的核函数计算，因此可以在很大程度上降低计算量。核方法的框架示意如图 4.1 所示。

（2）核主成分分析原理

核主成分分析法（KPCA）是在主成分分析法（PCA）的基础上提出的。主成分分析是一种较好的特征提取技术，但它是一个线性技术，对于原始空间的非线性问题 PCA 无法提取，这需要将原始数据通过非线性变换映射到一个高维的非线性向量空间，然后在变换后的高维空间进行线性的特征提取，这就引入了 KPCA 方法。

KPCA 的基本思想是将核方法应用到主成分分析中，通过非线性变换函数 ϕ 将原始变量映射到特征空间 $\mathbf{F}$ ，即输入空间样本点 $X_1, X_2, \cdots, X_n$ ，变换为特征空间的样本点 $\phi(X_1), \phi(X_2), \cdots, \phi(X_n)$ ，在 $\mathbf{F}$ 中进行 PCA。具体原理为：X 是原始空间样本，通过映射函数满足 $X \rightarrow \phi(X) \in \mathbf{F}$ ，$\mathbf{F}$ 是特征空间。

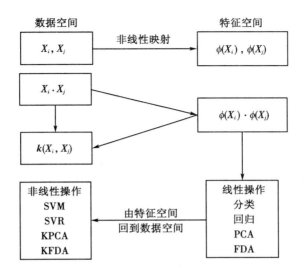

图 4.1　核方法框架示意

若训练集合中有 n 个样本点，原始空间中的两个样本 X_i 和 X_j 在空间的距离，用他们的内积 $\phi(X_i) \cdot \phi(X_j)$ 表示，定义核函数为 $k(X_i, X_j) = \phi(X_i) \cdot \phi(X_j)$，称为 K 矩阵。假设特征空间 F 中的样本 $\phi(X_1)$，$\phi(X_2)$，$\cdots$，$\phi(X_n)$ 已经中心化，即 $\sum\limits_{k=1}^{n} \phi(X_k) = 0$。在特征空间 F 中进行线性主成分分析，通过计算协方差矩阵 $C = \dfrac{1}{n} \sum\limits_{i=1}^{n} \phi(X_i)\phi(X_i)^{\mathrm{T}} = 0$，求得 C 的特征值 $\lambda(\geqslant 0)$ 及相应的特征向量 $V \in F$，满足 $\lambda V = CV$。由于 $V \in \mathrm{span}\{\phi(X_1), \phi(X_2), \cdots, \phi(X_n)\}$，则存在一组系数 $\boldsymbol{\alpha}_1$，$\boldsymbol{\alpha}_2$，$\cdots$，$\boldsymbol{\alpha}_n$ 使得

$$V = \sum_{j=1}^{n} \boldsymbol{\alpha}_j \phi(X_j) \tag{1}$$

因此，$\lambda V = CV$ 等价于

$$\lambda(\phi(X_k) \cdot V) = (\phi(X_k) \cdot CV), \, k = 1, 2, \cdots, n \tag{2}$$

通过定义一个 $n \times n$ 的核矩阵 $\boldsymbol{K}_{ij} = (\phi(X_i) \cdot \phi(X_j)) = K(X_i, X_j)$，式（2）可以写为

$$n\lambda\boldsymbol{\alpha} = K\boldsymbol{\alpha} \tag{3}$$

因此，确定特征向量 V 而求取系数 $\boldsymbol{\alpha}_j (j = 1, 2, \cdots, n)$ 的问题就依赖于核矩阵 K 的特征分解。

令 $\overline{\lambda} = n\lambda$，则为 $\overline{\lambda}_1 \geqslant \overline{\lambda}_2 \geqslant \cdots \geqslant \overline{\lambda}_n$ 为核矩阵 K 的特征值，$\boldsymbol{\alpha}_1$，$\boldsymbol{\alpha}_2$，$\cdots$，$\boldsymbol{\alpha}_n$ 为相应的特征向量，将 $\boldsymbol{\alpha}_1$，$\boldsymbol{\alpha}_2$，$\cdots$，$\boldsymbol{\alpha}_n$ 进行归一化，需要将 F 空间的向量归

一化，即 $(\boldsymbol{V}^k \cdot \boldsymbol{V}^k) = 1$，$k = 1$，$\cdots$，$n$，利用式（1）、式（3）得到 $\boldsymbol{\alpha}_1$，$\boldsymbol{\alpha}_2$，$\cdots$，$\boldsymbol{\alpha}_n$ 的归一化条件：

$$1 = \sum_{i,j=1}^{n} \alpha_i^k \alpha_j^k (\phi(X_i) \cdot \phi(X_j)) = \sum_{i,j=1}^{n} \alpha_i^k \alpha_j^k \boldsymbol{K} = \alpha^k \cdot \boldsymbol{K}\alpha^k = \lambda_k \alpha^k \alpha^k,$$

即 α^k 的模为 $\dfrac{1}{\sqrt{\lambda_k}}$。而为了放宽 $\sum_{k=1}^{n} \phi(X_k) = 0$ 的假设，只需将核矩阵调整为

$$\hat{\boldsymbol{K}} = \boldsymbol{K} - \boldsymbol{I}_n\boldsymbol{K} - \boldsymbol{K}\boldsymbol{I}_n + \boldsymbol{I}_n\boldsymbol{K}\boldsymbol{I}_n,$$

其中 $\boldsymbol{I}_n$ 为一个 $n \times n$ 矩阵，$(\boldsymbol{I}_n)_{ij} = \dfrac{1}{n}$。

核矩阵 $\boldsymbol{K}$ 的每一个元素表示特征空间 $\boldsymbol{F}$ 中两个样品映像的内积，例如，样品映像 $\phi(X_i)$ 和 $\phi(X_j)$ 的内积 $k(X_i, X_j)$（$i, j = 1, 2, \cdots, n$）可用如下 3 种核函数模型计算。

（1）多项式核函数

$$k(X_i, X_j) = \left[(X_i \cdot X_j) + 1\right]^d$$

式中，d 为自定义的正有理数。

（2）高斯径向基核函数

$$k(X_i, X_j) = \exp\left[-\frac{1}{\sigma^2} \parallel X_i - X_j \parallel^2\right]$$

（3）Sigmoid 核函数

$$k(X_i, X_j) = \tanh\left[-b(X_i \cdot X_j) - c\right]$$

4.2.4 核主成分回归分析判定

最终本书选用的建模方法是核主成分回归分析法[157]。根据 4.2.3 介绍的核主成分分析原理，数据点 X_i（$i = 1, 2, \cdots, n$）的第 j 个核主成分是 $\phi(X_i)$ 在 V^j 上的投影。于是由 n 个数据点的 l 个核主成分构成的矩阵为：$\boldsymbol{\phi V} = \boldsymbol{\phi}\boldsymbol{\phi}^T\boldsymbol{A} = \boldsymbol{KA}$。

考虑特征空间 $\boldsymbol{F}$ 中的标准回归模型：$\boldsymbol{y} = \boldsymbol{\phi}\boldsymbol{\xi} + \boldsymbol{\varepsilon}$，

式中，$\boldsymbol{y}$ 为以观测值为分量的 n 维向量；$\boldsymbol{\phi}$ 为 $n \times m$ 阶矩阵，这里称之为回归变量矩阵；$\boldsymbol{\xi}$ 为回归系数向量；$\boldsymbol{\varepsilon}$ 为误差项构成的向量。

假设特征空间 $\boldsymbol{F}$ 中的回归变量满足中心化条件：$\sum_{i=1}^{n} \phi(X_i) = 0$。则回归方程可进一步写为

$$\boldsymbol{y} = \boldsymbol{\phi V V}^T\boldsymbol{\xi} + \boldsymbol{\varepsilon} = \boldsymbol{Bw} + \boldsymbol{\varepsilon}$$

式中, $B = \phi V$, $w = V^T \xi$ 。

可以看出, 新回归变量矩阵 B 是核主成分矩阵。于是, 回归系数 w 的最小二乘估计可表示为: $\hat{w} = (B^T B)^{-1} B^T y = \Omega^{-1} B^T y$, 可用下式计算因变量 y 的 n 个预测值, 构成的向量为 $\hat{y} = B\hat{w} = B\Omega^{-1} B^T y$ 。

核矩阵 K 的每一个元素表示特征空间 F 中两个样本映像的内积。

4.3 石油涉外企业社会风险预警评价核主成分分析过程

4.3.1 核主成分分析计算步骤

① 输入样本数据 X , 对数据进行标准化处理, 对所取核函数进行内积计算, 从而得到矩阵 K ;

数据标准化方法: $X^* = \dfrac{(X - E(X))}{\sqrt{D(X)}}$, 其中 $E(X)$ 为样本均值, $D(X)$ 为样本方差。

选取的核函数为高斯径向基核函数, 核函数参数选择为 $\sigma = 25.92$ 。

高斯核函数: $k(X_i, X_j) = \exp\left[-\dfrac{1}{\sigma^2 \parallel X_i - X_j \parallel^2} \right]$

② 求矩阵 $\tilde{K} = K - AK - KA + AKA$, 其中, $A_{ij} = \dfrac{1}{n}$;

③ 求矩阵 K 的特征值 λ_i 和特征向量 V_i ;

④ 找出其中最大的特征值 λ_m 和特征向量 V_m ;

⑤ 求出主成分的贡献率, 找出累计贡献率达到 85% 的前 n 项主成分, 提取主成分。

4.3.2 运用样本数据进行核主成分分析

在 4.2 节中已经详细地阐述了本章中建模所要用到的模型方法——核主成分回归分析, 在分析过程中需要应用大量的数学公式, 计算量、数据量都非常大, 所以本书选中借助计算机软件 Matlab, 将数学模型用计算机语句表达, 将样本数据进行标准化处理后, 调用计算机程序得到所需要的结果。

具体的分析过程如下。

① 将收集到的 25 个国家从 2010 年 11 月至 2013 年 6 月的 800 组数据统计汇总到表格中, 汇总方式见表 4.2。

表4.2 风险事件统计表（截表）

风险等级由高到低依次分为：高风险5、较高风险一级4、较高风险二级3、较高风险三级2、一般风险1

国家	序号	时间	国家安全评级	政治风险 z_1					
				武装冲突 y_2			恐怖活动 y_3		
				国家之间冲突	部落之间冲突	政府与反政府武装之间冲突	武装劫持（绑架）	路边炸弹	其他恐怖事件
				X_4	X_5	X_6	X_7	X_8	X_9
阿尔及利亚	2010	201011	4					1	
		201012	4		1				
	2011	201101	4						
		201102	4				1		1
		201103	4					3	1
		201104	4			1		2	1
		201105	4			3		1	
		201106	4					1	
		201107	4					1	1
		201108	4					6	
		201109	4					1	
		201110	4				1	2	
		201111	4						
		201112	4						
	2012	201201	4						
		201202	4						
		201203	4					2	
		201204	4				1		
		201205	4			1			
		201206	4						
		201207	4			1	2		2
		201208	4			1	1		1
		201209	4			1			1
		201210	4			1			
		201211	4			1			1
		201212	4						
	2013	201301	4			2	1		1
		201302	4			1	1		1
		201303	3						
		201304	3						
		201305	3						1
		201306	3						

原始数据中有些指标的所有样本取值均为零,同时有些样本的所有指标取值均为零,这些数据在进行计算的时候没有作用,故将相应的行和列全部删掉。原始数据中有 29 个指标,其中生活习惯、性别习俗、文化包容性、宗教习俗、群体食物中毒、失业率、汇率变动、税收政策变动、通货膨胀率等 9 个指标取值均为零,将这 9 个指标删除之后,剩余 20 个有效指标。原始数据中有 800 个样本,其中 434 个样本取值均为零,将其删除之后剩余 366 个有效样本。

② 输入样本数据,对数据进行标准化处理,数据标准化方法:$X^* = \dfrac{(X - E(X))}{\sqrt{D(X)}}$,其中 $E(X)$ 为样本均值,$D(X)$ 为样本方差。

输入样本标准化处理后结果(仅列出部分结果)如表 4.3 所示。

表 4.3 样本标准化数据表

序号	国家	时间	X_1	X_2	X_3	X_4	X_5
1		201011	− 0.26572	− 0.17579	− 0.30001	− 0.22086	− 0.36712
2		201012	− 0.26572	− 0.17579	− 0.30001	− 0.22086	1.732344
3		201101	− 0.26572	− 0.17579	− 0.30001	− 0.22086	− 0.36712
4	阿尔及利亚	201102	1.502537	− 0.17579	− 0.30001	− 0.22086	− 0.36712
5		201103	− 0.26572	− 0.17579	− 0.30001	− 0.22086	− 0.36712
6		201104	− 0.26572	− 0.17579	− 0.30001	− 0.22086	− 0.36712
7		201105	− 0.26572	− 0.17579	− 0.30001	− 0.22086	− 0.36712
8		201106	− 0.26572	− 0.17579	− 0.30001	− 0.22086	− 0.36712
9		201107	− 0.26572	− 0.17579	− 0.30001	− 0.22086	− 0.36712
10		201108	− 0.26572	− 0.17579	− 0.30001	− 0.22086	− 0.36712

③ 利用 Matlab 对所取核函数进行内积计算,从而得到矩阵 $\boldsymbol{K}$。

选取的核函数为高斯径向基核函数,核函数参数选择为 $\sigma = 25.92$。

高斯核函数:$k(X_i, X_j) = \exp\left[-\dfrac{1}{\sigma^2} \parallel X_i - X_j \parallel^2 \right]$

得到核矩阵 $\boldsymbol{K}$(仅列出部分结果)如表 4.4 所示。

表 4.4 核矩阵 $\boldsymbol{K}$ 数值表

	X_1	X_2	X_3	X_4	X_5
X_1	1	0.320635	0.476058	0.316479	0.313583
X_2	0.320635	1	0.348897	0.323402	0.326177
X_3	0.476058	0.348897	1	0.344037	0.312551
X_4	0.316479	0.323402	0.344037	1	0.32383
X_5	0.313583	0.326177	0.312551	0.32383	1

变换后核矩阵 K（仅列出部分结果）如表4.5所示。

表4.5 变换后核矩阵 K 数值表

	X_1	X_2	X_3	X_4	X_5
X_1	0.62481	−0.04032	0.090488	−0.0642	−0.06418
X_2	−0.04032	0.653287	−0.02243	−0.04304	−0.03734
X_3	0.090488	−0.02243	0.604049	−0.04702	−0.07559
X_4	−0.0642	−0.04304	−0.04702	0.613836	−0.05942
X_5	−0.06418	−0.03734	−0.07559	−0.05942	0.61967

④ 由 Matlab 计算得出核矩阵的特征值和特征向量如表4.6和表4.7所示。

表4.6 特征值表

变量	特征值	变量	特征值
X_1	−1.59177E−15	X_{11}	0.635024
X_2	0.429132	X_{12}	0.668387
X_3	0.436735	X_{13}	0.698571
X_4	0.487732	X_{14}	0.72532
X_5	0.520984	X_{15}	0.727389
X_6	0.527892	X_{16}	0.770089
X_7	0.57463	X_{17}	0.804586
X_8	0.57986	X_{18}	0.836469
X_9	0.597518	X_{19}	0.871834
X_{10}	0.622932	X_{20}	0.982252

表4.7 特征向量表

序号	X_1特征向量	X_2特征向量	X_3特征向量	X_4特征向量	X_5特征向量
1	−0.22361	−0.43277	−0.12742	0.348211	0.006021
2	−0.22361	−0.05688	−0.0205	0.023332	0.093568
3	−0.22361	0.376198	0.166498	−0.26676	−0.02424
4	−0.22361	−0.18421	0.035408	−0.44557	−0.01971
5	−0.22361	−0.04212	0.631904	0.150081	−0.02535
6	−0.22361	0.000464	−0.17471	−0.03228	−0.26015
7	−0.22361	0.176266	−0.1154	−0.16237	−0.31679
8	−0.22361	0.092059	0.007189	0.28092	−0.23149
9	−0.22361	−0.19955	−0.03447	−0.18428	0.643476

续表 4.7

序号	X_1特征向量	X_2特征向量	X_3特征向量	X_4特征向量	X_5特征向量
10	− 0. 22361	0. 336037	0. 071592	− 0. 17779	0. 218809
11	− 0. 22361	− 0. 17305	− 0. 11385	0. 094702	− 0. 05821
12	− 0. 22361	− 0. 47527	0. 116301	− 0. 01967	− 0. 24049
13	− 0. 22361	0. 362558	− 0. 18234	0. 575534	0. 255018
14	− 0. 22361	0. 188347	0. 036961	0. 022351	− 0. 35041
15	− 0. 22361	0. 000592	− 0. 59288	− 0. 21623	0. 011932
16	− 0. 22361	0. 054849	0. 070497	− 0. 10286	− 0. 09509
17	− 0. 22361	− 0. 06767	0. 236258	− 0. 05614	0. 158923
18	− 0. 22361	0. 02272	0. 118774	0. 081358	0. 085577
19	− 0. 22361	− 0. 05588	− 0. 13175	0. 075917	0. 028546
20	− 0. 22361	0. 07732	0. 001928	0. 011555	0. 12005

⑤ 最大特征值 $\lambda_m = 0.982252$，对应最大特征向量如表4.8所示。

表 4.8 <center>最大特征向量表</center>

变量	最大特征向量	变量	最大特征向量
X_1	− 0. 19754	X_{11}	− 0. 0142
X_2	0. 066034	X_{12}	− 0. 36559
X_3	− 0. 29961	X_{13}	− 0. 22107
X_4	− 0. 11185	X_{14}	− 0. 01744
X_5	0. 399209	X_{15}	0. 515904
X_6	− 0. 15647	X_{16}	0. 011773
X_7	0. 000139	X_{17}	0. 276859
X_8	0. 114335	X_{18}	0. 199913
X_9	− 0. 11849	X_{19}	0. 15955
X_{10}	− 0. 22757	X_{20}	− 0. 0139

⑥ 将特征值排序，计算累计方差贡献率（取累计方差贡献率超过85%的主成分）如表4.9所示。

表 4.9 　　　　　　　　　　　累计方差贡献率表

主成分	特征值	累计方差贡献率
主成分 1	0.982252	7.859694
主成分 2	0.871834	14.83585
主成分 3	0.836469	21.52903
主成分 4	0.804586	27.96709
主成分 5	0.770089	34.12912
主成分 6	0.727389	39.94947
主成分 7	0.72532	45.75327
主成分 8	0.698571	51.34303
主成分 9	0.668387	56.69126
主成分 10	0.635024	61.77254
主成分 11	0.622932	66.75706
主成分 12	0.597518	71.53822
主成分 13	0.57986	76.17809
主成分 14	0.57463	80.77611
主成分 15	0.527892	85.00014

由上述分析可知，核主成分可将原有的 29 个指标分析成 15 个主成分，这样达到一个降维的目的，有助于进行回归分析时更加准确地计算。

4.4　石油涉外企业社会风险预警评价核主成分回归建模分析

在 4.3 中，已经详细地论述了核主成分分析的中间过程和结果，用实际样本数据证实了在本章的建模过程中，核主成分分析的适用性。但是，核主成分分析在本章的建模过程中，只是作为核主成分回归分析的中间过程，为了得到一个由指标体系中三级指标直接可以得到风险评价等级结果的回归模型，我们省略核主成分分析的中间过程，直接利用 Matlab 软件根据核主成分回归分析的原理进行编程，可以得到石油涉外企业社会风险预警评价模型的回归系数，进而得到一个令石油涉外企业"拿来即用"的风险预警评价模型。下面，对核主成分回归建模进行详细阐述。

4.4.1 核主成分回归步骤

Step1. 将所获得的 m 个指标（共 n 个样品）的一批数据写成一个 $n \times m$ 维的数据矩阵 A，便于后续计算；

Step2. 将原始数据矩阵通过核函数转化为核矩阵，即将原始数据通过非线性变换映射到一个高维的非线性向量空间，然后在变换后的高维空间进行线性的特征提取，核矩阵就是原始数据在高维空间中的数据矩阵；

Step3. 核矩阵需要满足特征向量归一化操作，因此需要对核矩阵进行修正，计算修正后的核矩阵 $\hat{K}$；

Step4. 计算核矩阵 $\hat{K}$ 的少数最大特征值及其对应的单位正交化特征向量，然后以最大特征值为基准计算其他特征值的贡献率，筛掉贡献率低的指标，找出满足累计贡献率要求的指标；

Step5. 构造矩阵 A 和对角阵 Ω_l，并求 Ω_l 的逆矩阵 Ω_l^{-1}；

Step6. 得到核主成分回归系数之后计算风险预警评价值。

4.4.2 用样本数据进行核主成分回归建模分析

核主成分回归分析的原理在前文已经进行了详细的介绍，基于该原理，本小节运用 Matlab 软件编程，计算得出核主成分回归分析的回归系数，进而完成石油涉外企业社会风险预警评价模型的构建。

基于本书中样本数据的特点，选用高斯函数作为核函数，并且通过计算得到，核函数参数取值为 25.92 时，可以使主成分数最少且主成分特征值最大。通过 Matlab 计算出的回归系数见表 4.10。

表 4.10 核主成分回归系数

序号	指标号	指标名称	核主成分回归系数
1	X_1	选举	-3.6204
2	X_2	政变	1.686646
3	X_3	其他	0.640734
4	X_4	国家之间冲突	0.235257
5	X_5	部落之间冲突	-0.92153
6	X_6	政府与反政府武装之间冲突	-1.99519
7	X_7	武装劫持（绑架）	-1.68817
8	X_8	路边炸弹	-0.48238
9	X_9	其他恐怖事件	0.003911

续表 4.10

序号	指标号	指标名称	核主成分回归系数
10	X_{10}	民主事件	-0.02832
11	X_{11}	法律风险	-0.32261
12	X_{12}	国际组织	-0.46375
13	X_{13}	国家双边关系	-0.26863
14	X_{17}	社会生活水平	-0.20917
15	X_{18}	宗教信仰	0.060927
16	X_{20}	传染病	-0.24807
17	X_{23}	犯罪率（入室盗窃、抢劫）	0.543255
18	X_{24}	罢工/游行	0.460263
19	X_{25}	骚乱	0.086407
20	X_{29}	不可抗拒风险	0.001397

将样本指标值与相应回归系数相乘后求和，即为核主成分回归预警评价值。将回归预警评价值进行四舍五入处理，且将数值小于 1 的样本赋值为 1，将数值大于 5 的样本赋值为 5。

得到石油涉外企业社会风险预警评价模型为

$$
\begin{aligned}
y = & -3.624X_1 + 1.68646X_2 + 0.640734X_3 + 0.235257X_4 - 0.92153X_5 - \\
& 1.99519X_6 - 1.68817X_7 - 0.48238X_8 + 0.003911X_9 - 0.02832X_{10} - \\
& 0.32261X_{11} - 0.46375X_{12} - 0.26863X_{13} - 0.20917X_{17} + 0.060927X_{18} - \\
& 0.24807X_{20} + 0.543255X_{23} + 0.460263X_{24} + 0.086407X_{25} + 0.001397X_{29}
\end{aligned}
$$

4.4.3 石油涉外企业社会风险预警评价模型拟合度分析和显著性分析

在本小节中，对石油涉外企业社会风险预警评价模型即核主成分回归模型做拟合度分析和显著性分析。

（1）拟合度分析

多元线性回归方程的拟合优度可以根据多重判定系数、估计标准误差等统计量来评价，本书数据不具有明显的线性关系，故采用估计标准误差作为统计量评价回归方程的拟合优度。检验对象为表 4.10 中的 20 个核主成分回归系数。

估计标准误差是对多元回归模型中误差项 ε 方差 σ^2 的一个估计值。计算

公式为

$$s_{\hat{X}_i} = \sqrt{\frac{\sum (\bar{y}_i - \hat{y}_i)^2}{n - k - 1}}$$

式中，n 为样本量，k 为自变量个数。

由于 $s_{\hat{X}_i}$ 是预测误差的标准差的估计量，因此，其含义可解释为：根据自变量 X_i（$i = 1，2，\cdots，13，17，18，20，23，24，25，29$）来预测因变量 y 时的平均预测误差。

通过计算得到 $s_{\hat{X}_i} = 1.93$，其含义是：根据所建立的核主成分回归方程，用 20 个指标来预测风险级别时，平均的预测误差为 1.93。

（2）显著性分析

在线性回归中，显著性分析包括线性关系的检验（F 检验）与回归系数的检验（t 检验）。线性关系检验主要是检验因变量同单个或多个自变量的线性关系是否显著，回归系数检验则是对每个回归系数分别进行单独的检验以判断每个自变量对因变量的影响是否显著。由于本书涉及的数据不具有明显的线性关系，故而无法检验自变量和因变量之间的线性关系。但是由于模型中融入了核函数的思想，可以很好地解决这个问题，所以下面只进行回归系数检验和推断，检验对象为表 4.10 中的 20 个核主成分回归系数。

首先提出假设。对于任意参数 X_i（$i = 1，2，\cdots，13，17，18，20，23，24，25，29$）：

$H_0：X_i = 0 \quad H_1：X_i \neq 0$

计算检验的统计量 t：

$$t_i = \frac{\hat{X}_i}{s_{\hat{X}_i}}$$

式中，$s_{\hat{X}_i}$ 是回归系数 $\hat{X}_i$ 的抽样分布的标准差。回归系数检验结果见表 4.11。

从表 4.11 中可以看出，在 0.05 显著性水平下所有回归系数均通过检验。这表明，在 0.05 显著性水平下，20 个自变量对预测结果的作用均比较大，可以全部代入回归方程中进行拟合。

表 4.11 回归系数检验表

回归系数	t 统计量	p 值	0.05 水平下的显著性
X_1	2.4178	0.0219	显著
X_2	3.4047	0.0019	显著
X_3	3.7288	0.0008	显著
X_4	3.6851	0.0009	显著

续表 4.11

回归系数	t 统计量	p 值	0.05 水平下的显著性
X_5	2.7798	0.0093	显著
X_6	4.2341	0.0002	显著
X_7	3.3318	0.0023	显著
X_8	2.6641	0.0123	显著
X_9	2.9924	0.0055	显著
X_{10}	2.8568	0.0077	显著
X_{11}	3.4469	0.0017	显著
X_{12}	2.7031	0.0112	显著
X_{13}	2.8675	0.0075	显著
X_{17}	2.9012	0.0069	显著
X_{18}	2.3189	0.0274	显著
X_{20}	3.2999	0.0025	显著
X_{23}	2.6474	0.0128	显著
X_{24}	2.7583	0.0098	显著
X_{25}	3.2296	0.0031	显著
X_{29}	3.5779	0.0012	显著

4.4.4 石油涉外企业社会风险预警评价模型说明

在石油涉外企业社会风险预警评价模型的建立过程中，有几个问题需要进行特殊说明。

① 在计算第一步时，由于生活习惯、性别习俗、文化包容性、宗教习俗、群体食物中毒、失业率、汇率变动、税收政策变动、通货膨胀率等 9 个指标的原始样本数据取值小于 5，所以将这 9 个指标删除，剩余 20 个有效指标。这说明以上 9 个指标发生的概率非常低，但是一旦发生，也会对企业的社会风险等级造成一定影响，故根据指标特点，可将生活习惯、性别习俗、文化包容性等三个指标的发生频次归纳到社会生活水平中，将宗教习俗发生频次归纳到宗教信仰中，将群体食物中毒归纳到传染病中，将失业率归纳到游行罢工中，将汇率变动、税收政策变动、通货膨胀率等三个指标归纳到不可抗拒力中。

② 在所有的三级指标中，选举、政变、政府与反政府武装之间冲突、部落之间冲突、不可抗拒风险等五项指标，在历史数据中发生的频次很少，但是通过数据研究发现，一旦发生这五项指标中的一项或几项包含风险事件时，风

险等级为最高级 5 级。可知这五项指标对于社会风险的预警评价值是可以起到直接的巨大影响的，当这五项指标中的一项或几项发生时，预警评价等级可以直接定义为 5 级。但是由于这样重大的社会风险事件在历史数据中少有发生，所以在建模过程中，很难全面地体现这五项指标的重要影响，故在这五项指标中的一项或多项发生时，即 X_1，X_2，X_5，X_6，X_{29} 中任意一个或多个数据大于等于 1 时，即可以不适用于上文中建立的石油涉外企业社会风险预警评价模型，而直接定义风险等级。

③ 将回归预警评价值与真实值进行对比，以分析该风险预警评价模型的精确度。判断误差计算截表如表 4.12 所示。

表 4.12　　　　　模型评价风险级别与原风险级别对比表（截表）

模型评价风险级别	原风险级别	判断误差	变量 1	变量 2
1	1	0	− 0.26572	− 0.17579
1	1	0	− 0.26572	− 0.17579
1	1	0	− 0.26572	− 0.17579
1	1	0	1.502537	− 0.17579
1	1	0	− 0.26572	− 0.17579
1	2	− 1	− 0.26572	− 0.17579
1	2	− 1	− 0.26572	− 0.17579
1	2	− 1	− 0.26572	− 0.17579
1	2	− 1	1.502537	− 0.17579
1	2	− 1	1.502537	− 0.17579
2	2	0	− 0.26572	− 0.17579
2	2	0	− 0.26572	− 0.17579
4	2	2	− 0.26572	− 0.17579
1	2	− 1	− 0.26572	− 0.17579
3	2	1	− 0.26572	− 0.17579
3	2	1	− 0.26572	− 0.17579
3	3	0	− 0.26572	− 0.17579
3	3	0	− 0.26572	− 0.17579
3	3	0	− 0.26572	− 0.17579

计算所有 355 组有效数据的结果，得出评价准确度见表 4.13。

表 4.13 核主成分回归评价准确度

评价准确度	误差 1 个风险级别内评价准确度
50.4%	75.5%

对于石油涉外企业社会风险预警评价模型，误差控制在 1 个风险级别内的评价准确度能够达到 75.5%，在现有的各类风险预警评价方法中，已经属于较高的准确度，可以对石油涉外企业的社会风险管理部门起到很好的指导作用。

④ 众所周知，石油原产国家或地区多是战争频发、政局不稳、社会较为动荡的高风险国家或地区，所以在考虑石油涉外企业是否在该国进行投产时，综合考虑国家利益、长远利益等方面因素，并不可因为社会风险等级高就停止开采计划，此时更应分析研究的是根据社会风险预警评价的结果，如何制定出一套针对该国家或地区的预警方案，如何能够让石油涉外企业在"走出去"的同时，最大程度地保证人员和物质安全、处理好和进驻国家及周边国家的关系。

在基于社会风险预警评价的结果下进行是否"走出去"的决策时，企业风险偏好起到很重要的作用。当某个计划投产的国家或地区社会风险预警评价等级很高时，如果仅是根据高风险等级便做出风险厌恶的偏好，并不是最佳选择。此时，石油涉外企业要充分分析当前的国际关系和经济局势，深入探讨是否进入该国家或地区对于我国的国际战略地位是否具有重大意义，同时要放眼未来，综合分析长远利益。正是因为石油企业的特殊地位，大多数情况下面对较高的社会风险预警等级，石油企业仍然选择风险追求的偏好。此时，社会风险预警等级的意义在于帮助石油企业认清当前形势，根据该国家或地区的社会风险情况制定相应的风险管理体系和预案，最大程度上保证人员和财产的安全。

本章小结

本章构建了石油涉外企业社会风险预警评价模型，模型基于核主成分回归分析的方法，运用较具代表性的国际媒体对于世界上主要的 25 个石油原产国家和地区社会风险事件的报道统计数据，使用 Matlab 软件进行计算机编程，通过运算得到回归系数，最终得到核主成分回归方程。可将新一组数据代入回归方程，结合主观分析，对石油涉外企业社会风险进行等级预警评价。

社会风险预警评价模型主要应用于石油涉外企业在计划向某个国家或地区

进行投产前，首先对该国家或地区的社会风险预警等级进行评价，融入企业风险偏好理论，基于国家民族的战略地位，着眼于企业的长远利益考虑，做出是否做出投产的决策。可根据社会风险预警评价等级制定相应的政策，在投产过程中最大程度避免或降低社会风险对于石油涉外企业的不良影响。

第 5 章　石油涉外企业社会风险预警分析建模研究

在第 4 章中已经针对石油涉外企业计划投产前某国家或地区的社会风险进行了预警等级评价。本章主要希望能够构建一个社会风险预警分析模型，该模型针对投产后石油涉外企业的日常运营过程中，通过对社会风险事件的发生进行实时监测，对日常生产运行中面临的社会风险进行预警管理。

目前，学术界尚未针对石油涉外企业在日常生产中的社会风险的预警阈值做出一个明确的定义，本章的具体研究思路是对过去三年内主要石油涉外企业在海外进行工程作业时发生社会风险事件数量做频次统计，并统计 CONTROL RISK 对于过去三年内的这些石油涉外企业海外工程项目所在国家或地区的风险评级，运用核 Fisher 判别分析建立风险事件发生于风险评级之间的线性关系，进而确定石油涉外企业社会风险的预警阈值，对于今后的风险预警管理起到重要作用。

5.1　石油涉外企业社会风险预警分析模型建构

5.1.1　社会风险预警分析流程

（1）预警准则的确定

预警准则是一套用来决定何时应该发出何种程度报警的判别标准或原则，根据这套判别标准或原则，石油涉外企业社会风险预警管理部门会做出一系列决定。包括：是否应当发出警报、何时发出警报、发出何种警报等。对于预警准则尺度的把握，是个十分重要的问题。预警准则过于严格或者过于宽松，都会对预警管理起到负面影响。

在本章进行的研究中，首先要根据石油涉外企业社会风险的特点以及可以获得的样本原始数据的特点，选择一个适合的方法计算出一套预警准则，这套预警准则应当基于大量样本的历史数据而得出，但同时不能拘泥于已有的数学方法，而应在已有方法的基础上，根据数据实际特点进行相应调节，以此得到一套详尽准确可用的预警模型。

（2）预警方法的选择

根据评价指标的内在特性和了解程度，预警方法有指标预警、因素预警、综合预警三种形式[72]，但在实际预警过程中往往出现第四种形式，即误警与漏警。

第一种预警方法为指标预警。根据预警指标数值大小的变动来发出不同程度的报警。如要进行报警的指标为 X，例如，它的安全区域为 $[X_a，X_b]$，其初等危险区域为 $[X_c，X_a]$ 和 $[X_b，X_d]$，其高等危险区域为 $[X_e，X_c]$ 和 $[X_d，X_f]$。则预警准则如下：

当 $X_a \leqslant X \leqslant X_b$ 时，不发生报警；

当 $X_c \leqslant X \leqslant X_a$ 或 $X_b \leqslant X \leqslant X_d$ 时，发出一级报警；

当 $X_e \leqslant X \leqslant X_c$ 或 $X_d \leqslant X \leqslant X_f$ 时，发出二级报警；

当 $X \leqslant X_e$ 或 $X \geqslant X_f$ 时，发出三级报警。

第二种预警方法为因素预警。当某些因素无法采用定量指标进行报警时，或者对于某些特殊指标需要进行异点分析时，可以采用因素预警。该预警方法相对于指标预警是一种定性预警，如在石油涉外企业社会风险管理中，当出现不常发生但是影响巨大的社会风险事件，或者是根据历史经验，一些发生概率很小但是一旦发生便会产生重大危害的事件发生时，发出报警。这种警报不以数值大小为标准。则预警准则如下：

因素 X 出现时，发出报警；

因素 X 不出现时，不发出报警；

这是一种非此即彼的警报方式。

当预警指标 X 属于不确定（随机）因素时，则须用概率的形式进行报警。

第三种预警方法为综合预警，即将上述两种方法结合起来，并把诸多因素综合进行考虑，得出一种综合报警模式。

第四种预警方法为误警和漏警。误警有两种情况：一种是系统发出某种社会风险等级警报，而该社会风险事件最终没有出现；另一种是系统发出某社会风险等级警报，该社会风险事件最终出现，其发生的级别与预报的程度相差一个等级（如发出高级高风险警报，而实际上为较高风险警报）。一般误警指前一种情况，误警原因主要由于指标设置不当，警报准则过严，信息数据有误。漏警是指社会风险事件发生，但预警系统却并未发出警报。主要原因一是小概率事件被排除在考虑之外，而这些小概率事件也有发生的可能；二是预警准则设计过松。

误警和漏警对于石油涉外企业来说，可能会造成十分严重的影响。特别是漏警，可能会对石油涉外企业造成致命性的打击。

（3）预警阈值确定

在确定预警阈值的过程中，要综合考虑多方面因素，既要防止安全区设计过窄引起警报准则过严导致误警，又要防止安全区设计过宽引起警报准则过松导致漏警。在采用指标预警的方法时，应该大量获取相关数据，根据有章可循的准确的统一的规范的程序设定预警阈值。在采用综合预警的方法时，也要根据大量的历史经验和权威的风险管理部门的判断来确定相应的阈值，作为综合预警的临界指标值。

预警阈值确定原则上既要防止误报又要避免漏报，若采用指标预警，一般可根据具体规程设定报警阈值，或者根据具体历史数据或实际情况，确定适宜的报警阈值。

（4）预警模型建立

本书通过核 Fisher 判别可得出风险指标的综合得分，该得分适用于指标预警模型。此外，从历史数据经验得出，政变、不可抗拒因素等超大影响力的因素事件对风险评估影响极大，一旦有相关事件发生会直接对石油涉外企业造成极大影响，可能导致海外工程项目停滞、人员伤亡甚至工程取消等严重后果，此时不论其他社会风险事件是否发生，都应立刻将风险级别定为最大值，做出最高预警值，采取相应手段措施，因此，这部分因素须采用因素预警模型。总结而言，本书建立综合预警模型，包括指标预警和因素预警两个部分。预警阈值由专家意见和实践经验得到。

风险指标综合得分为 X，重大风险因素为 Y，综合预警模型的预警准则如下：

① 当 $X \leqslant 2$，且 Y 不发生时，不报警；

② 当 $X = 3$，且 Y 不发生时，发出一级警报；

③ 当 $X = 4$，且 Y 不发生时，发出二级警报；

④ 当 $X = 5$，或 Y 发生时，发出三级警报。

其中，具体 X，Y 值的获得和解释会在后面小节中进行具体阐述。本章中的预警建模过程中对于 X 值的计算，摒弃了传统的阈值判断方法，而是根据历史风险预警值数据得到每一个风险等级之内的 Fisher 得分的平均值，然后针对一组新的数据进行 Fisher 得分计算，将该值与平均值求得距离平方差，与哪一个风险预警等级的距离平方差最小，则认为该组数据对应于哪一个风险预警等级。之后再与 Y 值综合考虑，判断风险预警等级。

本书对于石油涉外企业社会风险预警管理指标体系前期搜集的数据的容量非常大，对于大样本大容量的数据处理，我们更多地考虑融入一种非线性的方法。而针对预警阈值的判断，判别分析非常适用于本书的研究内容，基于判别分析是针对线性数据的一种分析模型，考虑融入核函数的思想，非线性数据在高维空间投影到一个平面，之后进行线性判别分析，可以很好地解决这个问题。

本小节进行预警建模的数据样本来源是选取我国较具代表性的重要石油涉外企业，统计其在过去三年内在海外工程作业中面临的社会风险事件的频次统计，同时大量搜集国际具有影响力的风险评估机构或者权威风险评估部门，对于该国家或地区在不同时期内的风险等级评价结果，进而找出三级指标与风险评价等级之间的对应关系。

本书选择预警建模方法的思路就是在历史的风险事件发生频次统计与风险等级评价值的一一对应关系中找到某种规律，根据这一规律，可以根据一组新的风险事件发生频次统计来计算风险等级，同时制定相应的预警方案，对石油涉外企业进行社会风险预警管理。核 Fisher 判别分析是一种非常适用的分析方法，本书运用核 Fisher 判别原理，通过大量的历史数据发掘出各类风险事件发生频次与风险评价等级之间的对应关系，将其分成从低到高一级风险、二级风险、三级风险、四级风险、五级风险五类，这个分类区间即为本书所要研究的预警区间，得到一组新的数据时，判断风险值与哪类风险等级距离最近，那么风险等级评价值即落在哪个预警区间内，进而采取相应的预警策略。

5.1.2 基于判别分析的预警建模

（1）判别分析

判别分析的基本概念是根据历史上划分类别的有关资料和某种最优准则，确定一种判别方法，确定一个新的样本归属哪一类。例如，在天气预报中，气象部门有一段较长时间关于某地区每天气象的记录资料（晴、阴雨、气温、气压、湿度等），现在想建立一种连续用五天的气象资料来预报第六天是什么天气的方法，就可以应用判别分析方法予以解决。

把这类问题用数学语言来表达，可以叙述如下：设有 n 个样本，对每个样本测得 p 项指标（变量）的数据，已知每个样本属于 k 个类别（或总体），G_1，G_2，$\cdots$，G_k 中的某一类，且它们的分布函数为 $F_1(x)$，$F_2(x)$，$\cdots$，$F_k(x)$。若能利用这种数据，找出一种判别函数，使得这一函数具有某种最优性质。能把属于不同类别的样本点尽可能地区别开来，并对测得同样 p 项指标（变量）

数据的一个新样本，能判定这个样本属于哪一类。

本书中可以获得大量历史数据，数据的形式即为发生的风险事件频次统计及与之对应的风险预警等级判断，本小节的研究目的就是试图利用这些历史数据，找出一组判别函数，使得这组判别函数具有某种最优的性质，能够把属于不同风险预警等级的数据样本点尽可能地区分开来，这样，可以对一组新的风险事件样本，判断其属于哪个风险预警等级内。之后，再结合风险预警的其他准则，共同进行石油涉外企业社会风险预警管理。

判别分析的方法有很多种，根据本书数据样本的特点，在此选择 Fisher 判别分析作为主要方法。

（2）Fisher 判别分析

Fisher 判别分析（Fisher Discriminant Analysis，FDA）涉及了维数压缩的问题。在高维特征空间中，假如能够把所有数据点投影到某条直线，那么便可以将原始特征空间压缩成一维。但是，强行将所有数据投影至一条特定直线上，可能会导致原本在高维特征空间中可分的数据在一维直线上混成一堆，无法区分，如图 5.1（a）所示，图中的两类数据点无论是投影到 X_1 或者 X_2 轴无法区分。但从图中我们发现，如果将 X_1 或者 X_2 轴绕着原点转动，那么就有可能确

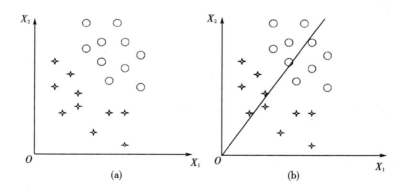

图 5.1　Fisher 线性判别原理示意图

定这样一条直线，使得投影到该直线上的所有数据点能够明显区分所有不同的类别，如图 5.1（b）所示。从以上分析得知，如何选取直线的旋转方向是解决问题的关键。通常情况下，总是可以计算得到这样一个最佳的旋转方向，使得所有数据点投影至该旋转后的直线上能够分出各自的类别。Fisher 判别分析的核心以及根本问题就是求解这条最佳方向的直线，以及实现所有数据点向该最佳直线的投影，而该投影变换就是最终所要寻找的解向量 W[159]。

为了求解上文提及的最佳投影方向，需要计算出各个类别的样本均值 m_i、

样本的类内离散度矩阵 S_i、样本总类间离散度矩阵 S_w 以及样本的类间离散度矩阵 S_b。依据 Fisher 准则，可以计算出最佳的投影向量，并将训练集内所有的样本进行投影，投影至一维 Y 空间。由于 Y 空间实际上是一条直线，因此需要求出其划分临界值 y_0。得到划分临界值 y_0 后，便能将所有的测试样本向一维 Y 空间进行投影，并根据测试样本的投影点与临界值 y_0 的关系，作为分类依据。

在使用 Fisher 判别分析中，对于数据有一个很重要的要求，就是所有的样本数据要具有线性相关性，但是在第 4 章我们已经得知，本书的样本数据是非线性相关的，针对这个问题，考虑使用融入核函数的思想，可以将数据在高维空间进行映射后解决非线性相关的问题。

（3）核函数建模

在模式识别领域中，处理某些非线性难题时，通常会引入一个较为复杂的非线性变换函数 $f(x)$，通过将数据由原始的特征空间映射至一个高维空间中，继而在新的高维空间中解决问题。然而，直接通过非线性映射存在如下 3 点不足之处。

① 计算复杂度与原始数据维数呈线性相关，维数越高，计算复杂度越高。

② 除原始数据外并无相关的先验知识，则映射后难以得到准确的特征。

③ 非线性变化十分复杂，难以确定 $f(x)$ 恰当的显式。

核方法是解决非线性模式识别的一系列先进方法的总称，其特点是这些方法都应用了核映射学者们关于核方法的研究，在近十多年来渐渐增多，提出了许多基于核方法的理论。核方法的核心在于引入了核函数，将高维特征空间中的内积计算转化成原始空间中的核函数计算，因此可以在很大程度上降低计算量。

5.1.3 多总体 Fisher 判别分析

当样本在线性空间内无法被一条直线分开的时候，需要使用核函数将样本映射到高维空间中进行处理，该方法可称为核 Fisher 判别方法。本书石油涉外企业社会风险有 5 个风险预警级别，属于多总体分类问题，在本小节中首先对多总体 Fisher 判别法的基本原理进行介绍[157]。

设有 k 个总体 G_1，G_2，$\cdots$，G_k，抽取样品数分别为 n_1，n_2，$\cdots$，n_k，令 $n = n_1 + n_2 + \cdots + n_k$。$\boldsymbol{x}_a^{(i)} = (x_{a1}^{(i)}, x_{a2}^{(i)}, \cdots, x_{ap}^{(i)})$ 为第 i 个总体的第 a 个观测向量。

假设所建立的判别函数为 $y(\boldsymbol{x}) = c_1 x_1 + c_2 x_2 + \cdots + c_p x_p \equiv \boldsymbol{c}'\boldsymbol{x}$，其中 $\boldsymbol{c} =$

$(c_1, c_2, \cdots, c_p)'$，$\boldsymbol{x} = (x_1, x_2, \cdots, x_p)'$，记 $\overline{\boldsymbol{x}}^{(i)}$ 和 $s^{(i)}$ 分别是总体 G_1 内 $\boldsymbol{x}$ 的样本均值向量和样本斜差阵，根据求随机变量线性组合的均值和方差的性质可知，$y(\boldsymbol{x})$ 在 G_i 上的样本均值和样本方差为 $\overline{\boldsymbol{y}}^{(i)} = \boldsymbol{c}'\overline{\boldsymbol{x}}^{(i)}$，$\sigma_i^2 = \boldsymbol{c}'s^{(i)}\boldsymbol{c}$。

记 $\overline{\boldsymbol{x}}$ 为总的均值向量，则 $\overline{\boldsymbol{y}} = \boldsymbol{c}'\overline{\boldsymbol{x}}$。

在多总体情况下，Fisher 准则就是要选取系数向量 $\boldsymbol{c}$，使 $\lambda = \dfrac{\sum\limits_{i=1}^{k} n_i (\overline{\boldsymbol{y}}^{(i)} - \overline{\boldsymbol{y}})^2}{\sum\limits_{i=1}^{k} q_i \sigma_i^2}$ 达到最大，其中 q_i 是人为的正的加权系数，它可以取为先验概率。如果取 $q_i = n_i - 1$，并将 $\overline{\boldsymbol{y}}^{(i)} = \boldsymbol{c}'\overline{\boldsymbol{x}}^{(i)}$，$\overline{\boldsymbol{y}} = \boldsymbol{c}'\overline{\boldsymbol{x}}$，$\sigma_i^2 = \boldsymbol{c}'s^{(i)}\boldsymbol{c}$，代入上式，可化为 $\lambda = \dfrac{\boldsymbol{c}'A\boldsymbol{c}}{\boldsymbol{c}'E\boldsymbol{c}}$。其中 E 为组内离差阵；A 为总体之间样本协差阵，即

$$E = \sum_{i-1}^{k} q_i \cdot s^{(i)}, \quad A = \sum_{i-1}^{k} n_i (\overline{\boldsymbol{x}}^{(i)} - \overline{\boldsymbol{x}})(\overline{\boldsymbol{x}}^{(i)} - \boldsymbol{x})'$$

为求 λ 的最大值，根据极值存在的必要条件，令 $\dfrac{\partial \lambda}{\partial \boldsymbol{c}} = 0$，利用对向量的求导的公式：

$$\frac{\partial \lambda}{\partial \boldsymbol{c}} = \frac{2A\boldsymbol{c}}{(\boldsymbol{c}'E\boldsymbol{c})^2} \cdot (\boldsymbol{c}'E\boldsymbol{c}) - \frac{2E\boldsymbol{c}}{(\boldsymbol{c}'E\boldsymbol{c})^2} \cdot (\boldsymbol{c}'A\boldsymbol{c})$$

$$= \frac{2A\boldsymbol{c}}{\boldsymbol{c}'E\boldsymbol{c}} - \frac{2E\boldsymbol{c}}{\boldsymbol{c}'E\boldsymbol{c}} \cdot \frac{\boldsymbol{c}'A\boldsymbol{c}}{\boldsymbol{c}'E\boldsymbol{c}}$$

$$= \frac{2A\boldsymbol{c}}{\boldsymbol{c}'E\boldsymbol{c}} - \frac{2E\boldsymbol{c}}{\boldsymbol{c}'E\boldsymbol{c}} \cdot \lambda$$

因此

$$\frac{\partial \lambda}{\partial \boldsymbol{c}} = 0 \Rightarrow \frac{2A\boldsymbol{c}}{\boldsymbol{c}'E\boldsymbol{c}} - \frac{2E\boldsymbol{c}}{\boldsymbol{c}'E\boldsymbol{c}} \cdot \lambda = 0 \Rightarrow A\boldsymbol{c} = \lambda E\boldsymbol{c}$$

这说明 λ 及 $\boldsymbol{c}$ 恰好是 A，E 矩阵的广义特征根及其对应的特征向量。由于一般都要求加权协差阵 E 是正定的，因此由代数知识可知，上式非零特征根个数 m 不超过 $\min(k-l, p)$，又因为 A 为非负定的，所以非零特征根必为正根，记为 $\lambda_1 \geq \lambda_2 \geq \cdots \geq \lambda_m > 0$，于是可构造 m 个判别函数：

$$y_l(\boldsymbol{x}) = \boldsymbol{c}^{(l)'}\boldsymbol{x} \qquad l = 1, 2, \cdots, m$$

对于每个判别函数必须给出一个用以衡量判别能力的指标 p_l，定义为

$$p_l = \frac{\lambda_l}{\sum\limits_{i=1}^{m} \lambda_i} \qquad l = 1, 2, \cdots, m$$

m_0 个判别函数 y_1, y_2, $\cdots$, y_{m_0} 的判别能力定义为

$$sp_m \equiv \sum_{l=1}^{m_0} p_l = \frac{\sum\limits_{l=1}^{m_0} \lambda_l}{\sum\limits_{i=1}^{m} \lambda_i}$$

如果 m_0 达到某个定的值（比如 85%），则认为 m_0 个判别函数就够了。

有了判别函数之后，下一步是对数据样本进行分类。Fisher 判别法本身并未给出最合适的分类法，在实际工作中，可以选用以下分类法之一。

（1）当取 $m_0 = 1$ 时（即只取一个判别函数），此时有两种可供选用的方法

① 不加权法。

若 $|y(\boldsymbol{x}) - \overline{\boldsymbol{y}}^{(i)}| = \min\limits_{1 \leqslant j \leqslant k} |y(\boldsymbol{x}) - \overline{\boldsymbol{y}}^{(j)}|$，则判 $\boldsymbol{x} \in G_i$。

即由判别函数计算出的新一组样本的判别值与哪个类别的均值距离最小，则该组样本属于哪个类别内。

② 加权法。

将 $\overline{\boldsymbol{y}}^{(1)}$, $\overline{\boldsymbol{y}}^{(2)}$, $\cdots$, $\overline{\boldsymbol{y}}^{(k)}$ 按大小次序排列记为 $\overline{\boldsymbol{y}}_{(1)} \leqslant \overline{\boldsymbol{y}}_{(2)} \leqslant \cdots \leqslant \overline{\boldsymbol{y}}_{(k)}$，相应判别函数的标准差重排为 $\sigma_{(i)}$。

令 $d_{i,i+1} = \dfrac{\sigma_{(i+1)} \overline{\boldsymbol{y}}_{(i)} + \sigma_{(i)} \overline{\boldsymbol{y}}_{(i+1)}}{(\sigma_{(i+1)} + \sigma_{(i)})}$ $\qquad i = 1, 2, \cdots, k-1$

则 $d_{i,i+1}$ 可作为 G_{j_i} 与 $G_{j_{i+1}}$ 之间的分界点，如果 $\boldsymbol{x}$ 使得 $d_{i-1,i} \leqslant y(\boldsymbol{x}) \leqslant d_{i,i+1}$，则判 $\boldsymbol{x} \in G_{j_i}$。

这种加权法是通过判别函数标准差重排求均值，作为组别之间的分界点，及本书中的风险阈值，之后对于新一组样本数据进行判别值计算，看该值落在哪两个分界点之内，则认为该组数据属于哪个类别。

（2）当取 $m_0 > 1$ 时，也有类似两种供选用的方法

① 不加权法。

记 $\overline{\boldsymbol{y}}_l^{(i)} = \boldsymbol{c}^{(l)'} \overline{\boldsymbol{x}}^{(i)}$ $\qquad l = 1, 2, \cdots, m_0$；$i = 1, 2, \cdots, k$

对待判样品 $\boldsymbol{x} = (x_1, x_2, \cdots, x_p)'$，计算 $\boldsymbol{y}_l(x) = \boldsymbol{c}^{(l)'} \boldsymbol{x}$

$$D_i^2 = \sum_{l=1}^{m_0} \left[y_l(\boldsymbol{x}) = \bar{\boldsymbol{y}}_l^{(i)} \right]^2 \quad i = 1, 2, \cdots, k$$

若 $D_r^2 = \min\limits_{1 \leqslant i \leqslant k} D_i^2$，则判 $x \in G_r$。

② 加权法。

考虑到每个判别函数的判别功能不同，记

$$D_i^2 = \sum_{l=1}^{m_0} \left[y_l(\boldsymbol{x}) - \bar{\boldsymbol{y}}_l^{(i)} \right]^2 \lambda_l$$

式中，λ_l 是由 $\boldsymbol{Ac} = \lambda \boldsymbol{Ec}$ 求出的特征根。

若 $D_r^2 = \min\limits_{1 \leqslant i \leqslant k} D_i^2$，则判 $\boldsymbol{x} \in G_r$。

5.1.4 多总体核 Fisher 判别分析模型

核 Fisher 判别分析（Kernel Fisher Discriminant Analysis，KFDA）是将核学习方法的思想与 FDA 算法相结合的产物。KFDA 算法的思路是：首先通过一个非线性映射，将输入数据映射到一个高维的特征空间中，然后，在这个高维特征空间中再进行线性 Fisher 判别分析，从而实现相对于原空间为非线性判别分析[157]。

KFDA 的映射过程与 KPCA 相似，首先通过一个非线性映射 ϕ 将输入数据映射到一个高维的特征空间中，此时，输入的训练样本由原来的 $\boldsymbol{x}$ 变为 $\phi(\boldsymbol{x})$，然后在这个特征空间 $\boldsymbol{F}$ 中进行线性 FDA。KFDA 就是在 $\boldsymbol{F}$ 空间中求解以下问题：

$$W_{\text{opt}} = \arg\max_{\boldsymbol{w}^\phi} \left| (\boldsymbol{w}^\phi)^{\text{T}} \boldsymbol{S}_b^\phi \boldsymbol{w}^\phi / (\boldsymbol{w}^\phi)^{\text{T}} \boldsymbol{S}_w^\phi \boldsymbol{w}^\phi \right| = \left[W_1^\phi, W_2^\phi, \cdots, W_m^\phi \right]$$

假定在 $\boldsymbol{F}$ 空间中，所有的样本都是去均值的（即 $\boldsymbol{m}^\phi = (1/n) \cdot \sum\limits_{i=1}^{n} \phi(x_i) = 0$），则类间离散度矩阵为：

$$\boldsymbol{S}_b^\phi = \sum_{k=1}^{c} (n_k/n)(\boldsymbol{m}_k^\phi)(\boldsymbol{m}_k^\phi)^{\text{T}}$$

式中，$\boldsymbol{m}_k^\phi = (1/n_k) \sum\limits_{i=1}^{n_k} \phi(x_{ki})$ 是每类的均值。

类内散度矩阵为

$$\boldsymbol{S}_w^\phi = \sum_{k=1}^{c} P_k \boldsymbol{S}_k^\phi = \sum_{k=1}^{c} (n_k/n)(1/n_k) \sum_{i=1}^{n} (\phi(x_{ki}) - \boldsymbol{m}_k^\phi)(\phi(x_{ki}) - \boldsymbol{m}_k^\phi)^{\text{T}}$$

$$= (1/n) \sum_{k=1}^{c} \sum_{i=1}^{n} (\phi(x_{ki}) - \boldsymbol{m}_k^\phi)(\phi(x_{ki}) - \boldsymbol{m}_k^\phi)^{\text{T}}$$

$[w_1^\phi, w_2^\phi, \cdots, w_m^\phi]$ 就是广义特征值问题：

$$\lambda S_w^\phi w^\phi = S_b^\phi w^\phi$$

的解。即 $[w_1^\phi, w_2^\phi, \cdots, w_m^\phi]$ 是上式中前 m 个最大的特征值所对应的特征向量（所求的投影轴）。

因为 F 空间的维数很高，进行通常的运算不可能，所以为了能够在 F 空间中实现线性 FDA，只能利用内积核函数来隐含地进行运算。核函数运算过程与 KPCA 相似，这里不再赘述。

通过变换可将 KFDA 问题变为最大化：

$$W_{\text{opt}} = \arg\max_{w^\phi} | (w^\phi)^{\mathrm{T}} S_b^\phi w^\phi | / | (w^\phi)^{\mathrm{T}} S_w^\phi w^\phi | = \arg\max_{w^\phi} | \alpha^{\mathrm{T}} K_b \alpha | / | \alpha^{\mathrm{T}} K_w \alpha | = [\alpha_1^\phi, \alpha_2^\phi, \cdots, \alpha_m^\phi]$$

这样就把解核 Fisher 判别分析的问题变成了求解 $K_b \alpha = \lambda K_w \alpha$ 的特征向量问题。

在 F 空间中，任何未知模式 $\phi(x)$ 在特征向量 $[w_1^\phi, w_2^\phi, \cdots, w_m^\phi]$ 上的投影系数（这些系数可以作为该模式的特征向量值）就可以通过下式计算出：

$$(w^\phi \phi(x)) = \sum_{k=1}^{c} \sum_{i=1}^{n_k} \alpha_{ki} K(x_{ki}, x)$$

由上面的叙述可见，KFDA 算法中所有运算都是通过原空间中所定义的内积核函数来进行的，并未涉及具体的非线性映射 ϕ，这就是核学习方法的核技巧所在。KFDA 算法可以提取图像（或其他样本）的非线性特征，这些非线性特征比线性特征更容易分类。

进行核 Fisher 判别分析，需要大量的计算，本书在进行建模研究时，选用 Matlab 软件作为建模分析的方式，通过 Matlab 将数学原理进行编程，在分析过程中，通过录入经过预处理以后的数据，对于输出的数据结合预警准则进行分析，最终得出所需结果。

5.2 石油涉外企业社会风险预警分析建模实现

5.2.1 数据来源

由于本小节中的分析是针对石油涉外企业在投产后的日常生产运营中的社会风险进行预警分析建模，所以数据来源选择的是我国较具代表性的几家大型石油涉外企业，通过这些企业的风险管理部门，得到其在过去三年内统计的在生产过程中发生社会风险事件的频次统计。

5.2.2 核 Fisher 判别步骤

首先，根据核 Fisher 判别分析的原理，归纳出核 Fisher 判别计算的步骤如下，以便指导下文的判别计算过程。

① 输入样本数据 X，计算组内离差矩阵 E 和总体协方差矩阵 A，将样本中所有数据点投影到一条最合适的直线上。

② 计算矩阵 A 和 E 的广义特征值及其对应的特征向量，计算得出核Fisher模型中 W_{opt} 的最大值。

③ 核 Fisher 判别模型得到的判别函数个数与矩阵特征值数量相等，但并非所有判别函数都需要进入最终的判别模型中，计算出判别函数的判别能力指标，然后选择指标值大于 85% 的前 m_0 判别函数即可判别能力指标。

④ 由于数据具有多个总体（每个风险类别算作一个总体），因此需要计算出判别函数计算每个总体的中心点，也就是 m_0 个判别函数计算结果的均值。

⑤ 根据判别函数对新样本进行计算，将得出的判别函数得分与每个类别中的 m_0 个判别函数的均值计算方差求得距离，距离最小值对应的等级类别即为该样本所属的预警等级。

5.2.3 运用样本数据进行核 Fisher 判别计算

在 5.1 节中已经详细地阐述了本章中建模所要用到的模型方法——核 Fisher 判别法，在分析过程中需要应用大量的数学公式，计算量、数据量都非常大，所以本书选择借助计算机软件 Matlab，将数学模型用计算机语句表达，将样本数据进行标准化处理后，调用计算机程序得到所需要的结果。

具体的分析过程如下。

① 将收集到的我国主要石油涉外企业在已经投产的 25 个国家自 2010 年 11 月至 2013 年 6 月的 800 组数据统计汇总到表格中，汇总方式见表5.1。

表 5.1　　　　　　　　　　风险事件统计表（截表）

风险等级由高到低依次分为：极高风险 5、高风险 4、较高风险 3、一般风险 2、低风险 1

国家	序号	时间	国家安全评级	政治风险 z_1					
				武装冲突 y_2			恐怖活动 y_3		
				国家之间冲突	部落之间冲突	政府与反政府武装之间冲突	武装劫持（绑架）	路边炸弹	其他恐怖事件
				X_4	X_5	X_6	X_7	X_8	X_9
阿尔及利亚	2010	201011	4					1	
		201012	4		1				
	2011	201101	4						
		201102	4				1		1
		201103	4					3	1
		201104	4			1		2	1
		201105	4			3		1	
		201106	4					1	
		201107	4					1	1
		201108	4					6	
		201109	4					1	
		201110	4				1	2	
		201111	4						
		201112	4						
	2012	201201	4						
		201202	4						
		201203	4					2	
		201204	4				1		
		201205	4			1			
		201206	4						
		201207	4			1	2		2
		201208	4			1	1		1
		201209	4			1			
		201210	4			1			
		201211	4			1			1
		201212	4						
	2013	201301	4			2	1		1
		201302	4			1	1		1
		201303	3						
		201304	3						
		201305	3						1
		201306	3						

原始数据中有些指标的所有样本取值均为零，同时有些样本的所有指标取值均为零，这些数据在进行计算的时候没有作用，故将相应的行和列全部删掉。原始数据中有 29 个指标，其中生活习惯、性别习俗、文化包容性、宗教习俗、群体食物中毒、失业率、汇率变动、税收政策变动、通货膨胀率等 9 个指标取值均为零，将这 9 个指标删除之后，剩余 20 个有效指标。这说明以上 9 个指标发生的概率非常低，但是一旦发生，也会对企业的社会风险等级造成一定影响，故根据指标特点，可将生活习惯、性别习俗、文化包容性等三个指标的发生频次归纳到社会生活水平中，将宗教习俗发生频次归纳到宗教信仰中，将群体食物中毒归纳到传染病中，将失业率归纳到游行罢工中，将汇率变动、税收政策变动、通货膨胀率等三个指标归纳到不可抗拒力中。原始数据中有 800 个样本，其中 434 个样本取值均为零，将其删除之后剩余 366 个有效样本。

由于所有指标均为风险事件发生的频次，指标值的量纲相同，故不需要进行数据标准化处理。

② 运用 Matlab 软件（算法语句见附录），计算组内离差矩阵 E 如表 5.2 所示和总体协方差矩阵 A 如表 5.3 所示。计算原理如下。

假设所建立的判别函数为 $y(\boldsymbol{x}) = c_1 x_1 + c_2 x_2 + \cdots + c_p x_p \equiv \boldsymbol{c}'\boldsymbol{x}$，其中 $\boldsymbol{c} = (c_1, c_2, \cdots, c_p)'$，$\boldsymbol{x} = (x_1, x_2, \cdots, x_p)'$，记 $\overline{\boldsymbol{x}}^{(i)}$ 和 $s^{(i)}$ 分别是总体 G_1 内 $\boldsymbol{x}$ 的样本均值向量和样本斜差阵，根据求随机变量线性组合的均值和方差的性质可知，$y(\boldsymbol{x})$ 在 G_i 上的样本均值和样本方差为 $\overline{\boldsymbol{y}}^{(i)} = \boldsymbol{c}'\overline{\boldsymbol{x}}^{(i)}$，$\sigma_i^2 = \boldsymbol{c}'s^{(i)}\boldsymbol{c}$。记 $\overline{\boldsymbol{x}}$ 为总的均值向量，则 $\overline{\boldsymbol{y}} = \boldsymbol{c}'\overline{\boldsymbol{x}}$。

在多总体情况下，Fisher 准则就是要选取系数向量 $\boldsymbol{c}$，使 $\lambda = \dfrac{\sum\limits_{i=1}^{k} n_i (\overline{\boldsymbol{y}}^{(i)} - \overline{\boldsymbol{y}})^2}{\sum\limits_{i=1}^{k} q_i \sigma_i^2}$ 达到最大，其中 q_i 是人为的正的加权系数，它可以取为先验概率。如果取 $q_i = n_i - 1$，并将 $\overline{\boldsymbol{y}}^{(i)} = \boldsymbol{c}'\overline{\boldsymbol{x}}^{(i)}$，$\overline{\boldsymbol{y}} = \boldsymbol{c}'\overline{\boldsymbol{x}}$，$\sigma_i^2 = \boldsymbol{c}'s^{(i)}\boldsymbol{c}$，代入上式，可化为 $\lambda = \dfrac{\boldsymbol{c}'A\boldsymbol{c}}{\boldsymbol{c}'E\boldsymbol{c}}$。其中 E 为组内离差阵，A 为总体之间样本协差阵，即

$$E = \sum_{i-1}^{k} q_i \cdot s^{(i)}, \quad A = \sum_{i=1}^{k} n_i (\overline{\boldsymbol{x}}^{(i)} - \overline{\boldsymbol{x}})(\overline{\boldsymbol{x}}^{(i)} - \boldsymbol{x})'$$

表 5.2 离差矩阵 E（截表）

113.4332	− 0.98361	36.4621	− 3.83133	− 3.16339	− 21.4454	8.145384
− 0.98361	10.81967	0.344262	− 1.77049	− 2.44262	− 6.06557	− 1.65574
36.4621	0.344262	118.5415	1.174232	− 6.6274	10.06959	2.375688
− 3.83133	− 1.77049	1.174232	56.10224	− 3.91149	4.714211	− 1.7699
− 3.16339	− 2.44262	− 6.6274	− 3.91149	78.76153	− 2.56398	9.602025
− 21.4454	− 6.06557	10.06959	4.714211	− 2.56398	323.2419	0.110555
8.145384	− 1.65574	2.375688	− 1.7699	9.602025	0.110555	66.79791

表 5.3 总体协方差矩阵 A（截表）

0.319822	− 0.00494	0.10283	− 0.01317	− 0.01813	− 0.07043	0.021746
− 0.00494	0.031799	0.00256	− 0.00287	− 0.00301	0.002964	− 0.00148
0.10283	0.00256	0.329194	0.004087	− 0.01922	0.048439	0.010712
− 0.01317	− 0.00287	0.004087	0.156718	− 0.00711	0.028909	− 0.00304
− 0.01813	− 0.00301	− 0.01922	− 0.00711	0.226873	0.019463	0.029538
− 0.07043	0.002964	0.048439	0.028909	0.019463	1.077693	0.032615
0.021746	− 0.00148	0.010712	− 0.00304	0.029538	0.032615	0.188944

③ 计算 A 和 E 的广义特征值及其对应的特征向量，计算原理如下：为求 λ 的最大值，根据极值存在的必要条件，令 $\dfrac{\partial \lambda}{\partial c} = 0$，利用对向量的求导的公式：

$$\frac{\partial \lambda}{\partial c} = \frac{2Ac}{(c'Ec)^2} \cdot (c'Ec) - \frac{2Ec}{(c'Ec)^2} \cdot (c'Ac)$$

$$= \frac{2Ac}{c'Ec} - \frac{2Ec}{(c'Ec)^2} \cdot \frac{c'Ac}{c'Ec}$$

$$= \frac{2Ac}{c'Ec} - \frac{2Ec}{(c'Ec)} \cdot \lambda$$

因此，$\dfrac{\partial \lambda}{\partial c} = 0 \Rightarrow \dfrac{2Ac}{c'Ec} - \dfrac{2Ec}{(c'Ec)} = 0 \Rightarrow Ac = \lambda Ec$。

这说明 λ 及 c 恰好是 A，E 矩阵的广义特征根及其对应的特征向量。

根据上述原理，运用 Matlab 软件计算得出广义特征值如表 5.4 所示，广义特征值对应的特征向量如表 5.5 所示。

表 5.4　　　　　　　　　　　　广义特征值表

0.005093	0	0	0	0	0
0	0.003322	0	0	0	0
0	0	0.003144	0	0	0
0	0	0	0.002903	0	0
0	0	0	0	0.00274	0
0	0	0	0	0	0.00274

表 5.5　　　　　　　　　　　广义特征值对应的特征向量

−0.00044	0.000675	0.021616	−0.02538	0.065709	−0.01747
−0.15982	−0.06772	−0.04193	0.015072	0.026123	0.003137
−0.00296	0.020345	−0.00117	−0.00964	−0.08395	−0.00624
−0.01479	−0.00345	0.006331	0.042212	0.008852	−0.1294
−0.04118	−0.01182	−0.00491	0.058837	0.012406	0.023348
−0.03601	0.00818	−0.00334	−0.01639	0.000971	0.001811
−0.01297	0.018566	−0.00424	−0.03759	−0.0032	−0.00396
−0.01073	−0.0019	−0.00133	−0.00192	0.000604	0.008492
−0.01756	−0.00537	−0.00566	0.00448	0.003978	−0.00142
−0.00776	0.006432	−0.03335	−0.0503	0.059171	0.046755
−0.05754	−0.05362	−0.0901	0.004624	0.035255	−0.08946
0.010495	−0.05998	0.020793	−0.0067	−0.00187	0.002772
−0.00077	−0.00928	−0.00534	−0.00347	0.000155	0.009135
−0.03034	0.143436	−0.03819	−0.156	−0.0429	−0.00347
0.023616	−0.01803	−0.05163	−0.0246	−0.0007	−0.00746
−0.03451	0.027891	−0.00358	−0.06787	0.07309	−0.00113
−0.00132	−0.0128	−0.05113	−0.01608	0.000473	−0.02105
0.008388	−0.00377	−0.0039	0.016208	0.00121	0.005614
−0.00453	−0.00143	−0.01562	0.016319	0.003961	−0.00344
0.014627	−0.00092	0.051237	0.112672	−0.02067	0.033783

④ 计算得出五组核 Fisher 判别函数系数，计算原理如下：由于一般要求加权协差阵 E 是正定的，因此由代数知识可知，上式非零特征根个数 m 不超过 $\min(k-l, p)$，又因为 A 为非负定的，所以非零特征根必为正根，记为 $\lambda_1 \geqslant \lambda_2 \geqslant \cdots \geqslant \lambda_m > 0$，于是可构造 m 个判别函数：

$$y_l(\boldsymbol{x}) = \boldsymbol{c}^{(l)'}\boldsymbol{x} \qquad l = 1, 2, \cdots, m$$

根据上述原理，运用 Matlab 软件，得到核 Fisher 判别函数系数如表 5.6 所示。

表 5.6　　　　　　　　核 Fisher 判别函数系数表

序号	指标号	指标名称	函数 1 系数	函数 2 系数	函数 3 系数	函数 4 系数	函数 5 系数
1	x_1	选举	− 0.00044	0.000675	0.021616	− 0.02538	0.065709
2	x_2	政变	− 0.15982	− 0.06772	− 0.04193	0.015072	0.026123
3	x_3	其他	− 0.00296	0.020345	− 0.00117	− 0.00964	− 0.08395
4	x_4	国家之间冲突	− 0.01479	− 0.00345	0.006331	0.042212	0.008852
5	x_5	部落之间冲突	− 0.04118	− 0.01182	− 0.00491	0.058837	0.012406
6	x_6	政府与反政府武装之间冲突	− 0.03601	0.00818	− 0.00334	− 0.01639	0.000971
7	x_7	武装劫持（绑架）	− 0.01297	0.018566	− 0.00424	− 0.03759	− 0.0032
8	x_8	路边炸弹	− 0.01073	− 0.0019	− 0.00133	− 0.00192	0.000604
9	x_9	其他恐怖事件	− 0.01756	− 0.00537	− 0.00566	0.00448	0.003978
10	x_{10}	民主事件	− 0.00776	0.006432	− 0.03335	− 0.0503	0.059171
11	x_{11}	法律风险	− 0.05754	− 0.05362	− 0.0901	0.004624	0.035255
12	x_{12}	国际组织	0.010495	− 0.05998	0.020793	− 0.0067	− 0.00187
13	x_{13}	国家双边关系	− 0.00077	− 0.00928	− 0.00534	− 0.00347	0.000155
14	x_{17}	社会生活水平	− 0.03034	0.143436	− 0.03819	− 0.156	− 0.0429
15	x_{18}	宗教信仰	0.023616	− 0.01803	− 0.05163	− 0.0246	− 0.0007
16	x_{20}	传染病	− 0.03451	0.027891	− 0.00358	− 0.06787	0.07309
17	x_{23}	犯罪率（入室盗窃、抢劫）	− 0.00132	− 0.0128	− 0.05113	− 0.01608	0.000473
18	x_{24}	罢工/游行	0.008388	− 0.00377	− 0.0039	0.016208	0.00121
19	x_{25}	骚乱	− 0.00453	− 0.00143	0.01562	0.016319	0.003961
20	x_{29}	不可抗拒风险	0.014627	− 0.00092	0.051237	0.112672	− 0.02067

由于判别函数数量大于 1，本书采用 5.1.3 节中 m_0 大于 1 的不加权法对样本进行分类。根据核 Fisher 判别函数可计算风险预警值。将其进行四舍五入处理，且将数值小于 1 的样本附值为 1，将数值大于 5 的样本附值为 5。得到 5 组判别函数如下：

$$y_1(X) = -0.00044X_1 - 0.15982X_2 - 0.00296X_3 - 0.001479X_4 - 0.04118X_5 -$$
$$0.03601X_6 - 0.01297X_7 - 0.01073X_8 - 0.01756X_9 - 0.00776X_{10} -$$

$$0.05754X_{11} + 0.010495X_{12} - 0.00077X_{13} - 0.03034X_{17} + 0.023616X_{18} -$$
$$0.03451X_{20} - 0.00132X_{23} + 0.008388X_{24} - 0.00453X_{25} +$$
$$0.014627X_{29}$$

$$y_2(X) = 0.000675X_1 - 0.06772X_2 + 0.020345X_3 - 0.00345X_4 - 0.01182X_5 +$$
$$0.00818X_6 + 0.018566X_7 - 0.0019X_8 - 0.00537X_9 + 0.006432X_{10} -$$
$$0.05362X_{11} - 0.05998X_{12} - 0.00928X_{13} + 0.143436X_{17} - 0.01803X_{18} +$$
$$0.027891X_{20} - 0.0128X_{23} - 0.00377X_{24} - 0.00143X_{25} + 0.00092X_{29}$$

$$y_3(X) = 0.021616X_1 - 0.04193X_2 - 0.00117X_3 + 0.006331X_4 - 0.00491X_5 -$$
$$0.00334X_6 - 0.00424X_7 - 0.00133X_8 - 0.00566X_9 - 0.03335X_{10} -$$
$$0.0901X_{11} + 0.020793X_{12} - 0.00534X_{13} - 0.03819X_{17} - 0.05163X_{18} -$$
$$0.00358X_{20} - 0.05113X_{23} - 0.0039X_{24} - 0.01562X_{25} + 0.051237X_{29}$$

$$y_4(X) = -0.02538X_1 + 0.015072X_2 - 0.00964X_3 + 0.042212X_4 + 0.058837X_5 -$$
$$0.01639X_6 - 0.03759X_7 - 0.00192X_8 + 0.00448X_9 - 0.0503X_{10} +$$
$$0.004624X_{11} - 0.0067X_{12} - 0.00347X_{13} - 0.156X_{17} - 0.0246X_{18} -$$
$$0.06787X_{20} - 0.01608X_{23} + 0.016208X_{24} + 0.016319X_{25} +$$
$$0.112672X_{29}$$

$$y_5(X) = 0.065709X_1 + 0.026123X_2 - 0.08395X_3 + 0.008852X_4 +$$
$$0.012406X_5 + 0.000971X_6 - 0.0032X_7 + 0.000604X_8 + 0.003978X_9 +$$
$$0.059171X_{10} - 0.00187X_{11} - 0.00187X_{12} + 0.000155X_{13} - 0.0429X_{17} -$$
$$0.0007X_{18} + 0.07309X_{20} + 0.000473X_{23} + 0.00121X_{24} + 0.003961X_{25} -$$
$$0.02067X_{29}$$

⑤ 运用所有样本数据，将每类风险预警等级对应的数据做判别函数得分均值计算，得到判别函数得分均值表如表5.7所示。其中第一行为风险级别为1的判别函数得分，第二行为风险级别2的判别函数得分，以此类推。风险级别从1到5分别代表低风险、一般风险、较高风险、高风险、极高风险。

表 5.7   判别函数均值表

	函数 1 系数	函数 2 系数	函数 3 系数	函数 4 系数	函数 5 系数
风险预警级别 1	0.0051	− 0.0307	− 0.0786	0.0005	0.027
风险预警级别 2	− 0.0206	− 0.0103	− 0.0178	− 0.0306	0.027
风险预警级别 3	0.0073	− 0.0814	− 0.0081	0.0041	0.027
风险预警级别 4	− 0.0256	− 0.0019	− 0.019	0.012	0.027
风险预警级别 5	− 0.1129	− 0.0336	− 0.0329	0.0002	0.027

⑥ 得出判别函数后，将一组新的数据利用判别函数计算出该组数据的5个判别函数得分，将5个判别函数得分分别与5类样本判别函数得分均值计算

得分求得距离平方和，与哪类判别函数均值距离平方和最小，则该组数据对应的预警等级即属于对应的等级。

计算一组与判别函数平均值距离平方和，其物理意义是计算该组数据与哪个风险预警级别的距离最近，则可判定该组数据与哪一风险预警级别最为相似，则该组样本数据应属于对应的风险预警级别。

⑦ 本书通过核 Fisher 判别可得出风险指标的综合得分，该得分适用于指标预警模型。此外，从历史数据经验得出，在所有的三级指标中，选举、政变、政府与反政府武装之间冲突、部落之间冲突、不可抗拒风险等五项指标，在历史数据中发生的频次很少，但是通过数据研究发现，一旦发生这五项指标中的一项或几项包含的风险事件时，风险预警等级为最高级 5 级。可知这五项指标对于社会风险的评价值是可以起到直接的巨大影响的，当这五项指标中的一项或几项发生时，风险预警等级可以直接定义为 5 级。但是由于这样重大的社会风险事件在历史数据中少有发生，所以在建模过程中，很难全面地体现到这五项指标的重要影响，故在这五项指标中的一项或多项发生时，即 X_1，X_2，X_5，X_6，X_{29} 中任意一个或多个数据大于等于 1 时，即可以不适用于上文中建立的石油涉外企业社会风险预警模型，而直接定义风险等级。一旦有相关事件发生会直接对石油涉外企业造成极大影响，可能导致海外工程项目停滞、人员伤亡甚至工程取消等严重后果，此时不论其他社会风险事件是否发生，都应立刻将风险级别定为最大值，做出最高预警值，采取相应手段措施，因此，这部分因素须采用因素预警模型。总结而言，本书建立综合预警模型，包括指标预警和因素预警两个部分。预警阈值由专家意见和实践经验得到。

风险预警核 Fisher 判别等级确定后，要综合重大风险因素发生情况，综合预警模型的预警准则如下：当重大风险因素事件发生时，则预警级别直接升为 5 级；在没有重大风险因素事件发生时，预警级别按照核 Fisher 判别得到的结果进行风险预警级别的评判。

⑧ 石油涉外企业在日常工作中，就应当根据该企业自身的实际状况，制定一套相应的社会风险预警预案，在得到石油涉外企业的社会风险预警级别后，应当根据不同的预警级别做出迅速判断。

5.2.4 预警模型合理性分析

上文中已经对石油涉外企业社会风险进行了预警建模，对于这个模型的准确度，在本小节中，希望通过利用历史数据，将前文中搜集到的我国主要石油涉外企业过去三年内在 25 个项目所在国发生的社会风险事件统计值运用预警模型进行计算，将计算结果与世界主要风险评估部门给出的风险等级进行比较，通过预测准确度来验证本书中建立的预警分析模型的合理性。

利用所有的样本数据进行计算，将核 Fisher 判别预测值与真实值进行对比，预测准确度见表 5.8。

表 5.8   **核 Fisher 判别预测准确度**

预测准确度	误差 1 个风险级别内预测准确度
70.5%	81.2%

对于石油涉外企业社会风险评价模型，误差控制在 1 个风险级别内的评价准确度能够达到 81.2% 在现有的各类风险预警管理方法中，已经属于较高的准确度，可以对石油涉外企业的社会风险管理部门起到很好的指导作用。

5.3   石油涉外企业社会风险预警分析模型应用

在 5.2 小节中，已经通过核 Fisher 判别分析法得出石油涉外企业社会风险预警模型，并利用大量的历史数据对该模型的合理性进行验证。在本小节中，选取某石油涉外企业在乍得的项目部 2013 年 5 月发生社会风险事件的数据进行预警模型使用的过程分析。

5.3.1   样本数据的选取

本小节选用某石油涉外企业的安全生产周报作为数据分析的样本来源，详细查阅 2013 年 5 月该公司安全生产周报的内容，统计出该时间段内乍得发生的所有社会风险事件，将风险事件按照石油涉外企业社会风险评价预警指标体系内的三级指标进行统计编号，得到样本指标值。

通过周报数据统计分析，乍得在该段时间内发生过恐怖事件一次。因此，样本指标值为 $X = (0\ 0\ 0\ 0\ 0\ 0\ 0\ 0\ 1\ 0\ 0\ 0\ 0\ 0\ 0\ 0\ 0\ 0\ 0)$。

首先可以得出 X_1，X_2，X_5，X_6，X_{29} 均为零，所以使用核 Fisher 预警模型进行预警分析。

5.3.2   使用预警模型进行预警等级分析

① 在 5.2 节中，已经得到判别函数系数如表 5.6 所示。

即判别函数系数为 $a =$

$$
\begin{bmatrix}
-0.0004 & 0.0007 & 0.0216 & 0.0254 & 0.0324 \\
-0.1598 & -0.0677 & -0.0419 & -0.0151 & 0.0392 \\
-0.003 & 0.0203 & -0.0012 & 0.0096 & 0.0113 \\
-0.0148 & -0.0034 & 0.0063 & -0.0422 & -0.0225 \\
-0.0412 & -0.0118 & -0.0049 & -0.0588 & 0.0472 \\
-0.036 & 0.0082 & -0.0033 & 0.0164 & 0.0091 \\
-0.013 & 0.0186 & -0.0042 & 0.0376 & -0.0085 \\
-0.0107 & -0.0019 & -0.0013 & 0.0019 & 0.0014 \\
-0.0176 & -0.0054 & -0.0057 & -0.0045 & 0.0026 \\
-0.0078 & 0.0064 & -0.0333 & 0.0503 & 0.141 \\
-0.0575 & -0.0536 & -0.0901 & -0.0046 & -0.1784 \\
0.0105 & -0.06 & 0.0208 & 0.0067 & -0.0046 \\
-0.0008 & -0.0093 & -0.0053 & 0.0035 & -0.0063 \\
-0.0303 & 0.1434 & -0.0382 & 0.156 & -0.0212 \\
0.0236 & -0.018 & -0.0516 & 0.0246 & 0.0162 \\
-0.0345 & 0.0279 & -0.0036 & 0.0679 & 0.05 \\
-0.0013 & -0.0128 & -0.0511 & 0.0161 & -0.0188 \\
0.0084 & -0.0038 & -0.0039 & -0.0162 & 0.0061 \\
-0.0045 & -0.0014 & -0.0156 & -0.0163 & -0.0055 \\
0.0146 & -0.0009 & 0.0512 & -0.1127 & 0.0804 \\
\end{bmatrix}
$$

② 将样本指标值代入判别函数中，

$$
\begin{aligned}
y_1(X) = & -0.00044X_1 - 0.15982X_2 - 0.00296X_3 - 0.001479X_4 - 0.04118X_5 - \\
& 0.03601X_6 - 0.01297X_7 - 0.01073X_8 - 0.01756X_9 - 0.00776X_{10} - \\
& 0.05754X_{11} + 0.010495X_{12} - 0.00077X_{13} - 0.03034X_{17} + 0.023616X_{18} - \\
& 0.03451X_{20} - 0.00132X_{23} + 0.008388X_{24} - 0.00453X_{25} + 0.014627X_{29}
\end{aligned}
$$

$$
\begin{aligned}
y_2(X) = & 0.000675X_1 - 0.06772X_2 + 0.020345X_3 - 0.00345X_4 - 0.01182X_5 + \\
& 0.00818X_6 + 0.018566X_7 - 0.0019X_8 - 0.00537X_9 + 0.006432X_{10} - \\
& 0.05362X_{11} - 0.05998X_{12} - 0.00928X_{13} + 0.143436X_{17} - 0.01803X_{18} + \\
& 0.027891X_{20} - 0.0128X_{23} - 0.00377X_{24} - 0.00143X_{25} + 0.00092X_{29}
\end{aligned}
$$

$$
\begin{aligned}
y_3(X) = & 0.021616X_1 - 0.04193X_2 - 0.00117X_3 + 0.006331X_4 - 0.00491X_5 - \\
& 0.00334X_6 - 0.00424X_7 - 0.00133X_8 - 0.00566X_9 - 0.03335X_{10} - \\
& 0.0901X_{11} + 0.020793X_{12} - 0.00534X_{13} - 0.03819X_{17} - 0.05163X_{18} - \\
& 0.00358X_{20} - 0.05113X_{23} - 0.0039X_{24} - 0.01562X_{25} + 0.051237X_{29}
\end{aligned}
$$

$$
y_4(X) = -0.02538X_1 + 0.015072X_2 - 0.00964X_3 + 0.042212X_4 + 0.058837X_5 -
$$

$$0.01639X_6 - 0.03759X_7 - 0.00192X_8 + 0.00448X_9 - 0.0503X_{10} +$$
$$0.004624X_{11} - 0.0067X_{12} - 0.00347X_{13} - 0.156X_{17} - 0.0246X_{18} -$$
$$0.06787X_{20} - 0.01608X_{23} + 0.016208X_{24} + 0.016319X_{25} + 0.112672X_{29}$$

$$y_5(X) = 0.065709X_1 + 0.026123X_2 - 0.08395X_3 + 0.008852X_4 + 0.012406X_5 +$$
$$0.000971X_6 - 0.0032X_7 + 0.000604X_8 + 0.003978X_9 + 0.059171X_{10} -$$
$$0.00187X_{11} - 0.00187X_{12} + 0.000155X_{13} - 0.0429X_{17} - 0.0007X_{18} +$$
$$0.07309X_{20} + 0.000473X_{23} + 0.00121X_{24} + 0.003961X_{25} - 0.02067X_{29}$$

计算得到 5 个判别函数得分分别为

$a_1 = y_1 = 0.017$,

$a_2 = y_2 = -0.0054$,

$a_3 = y_3 = -0.0057$,

$a_4 = y_4 = -0.0045$,

$a_5 = y_5 = 0.0026$ 。

③ 在 5.2 节中已经计算得出 5 类风险预警级别下样本的判别函数得分均值如表 5.7 所示，可以得到五类风险预警级别下判别函数得分均值矩阵：

$$\boldsymbol{b} = \begin{bmatrix} 0.0051 & -0.0307 & -0.0786 & 0.0005 & 0.027 \\ -0.0206 & -0.0103 & -0.0178 & -0.0306 & 0.027 \\ 0.0073 & -0.0814 & -0.0081 & 0.0041 & 0.027 \\ -0.0256 & -0.0019 & -0.019 & 0.012 & 0.027 \\ -0.1129 & -0.0336 & -0.0329 & 0.0002 & 0.027 \end{bmatrix}$$

④ 计算求 5 类风险级别下的判别函数距离平方和

第一类距离：$d_1 = (a_1 - b_{11})^2 + (a_2 - b_{21})^2 + \cdots$,

$d_1 = (0.017 - 0.0051)^2 + (-0.0054 - (-0.0206))^2 + \cdots = 0.0071$

第二类距离：$d_2 = (a_1 - b_{12})^2 + (a_2 - b_{22})^2 + \cdots$,

$d_2 = (0.017 - (-0.0307))^2 + (-0.0054 - (-0.0103))^2 + \cdots = 0.0015$

第三类距离：$d_3 = (a_1 - b_{13})^2 + (a_2 - b_{23})^2 + \cdots$,

$d_3 = (0.017 - (-0.0786))^2 + (-0.0054 - (-0.0178))^2 + \cdots = 0.0071$

第四类距离：$d_4 = (a_1 - b_{14})^2 + (a_2 - b_{24})^2 + \cdots$,

$d_4 = (0.017 - 0.0005)^2 + (-0.0054 - (-0.0306))^2 + \cdots = 0.0011$

第五类距离：$d_5 = (a_1 - b_{15})^2 + (a_2 - b_{25})^2 + \cdots$,

$d_5 = (0.017 - 0.027)^2 + (-0.0054 - 0.027)^2 + \cdots = 0.0112$

可知与五类风险预警等级的距离中，第四类距离最小，可判定该石油涉外企业乍得项目部在 2013 年 5 月预警级别为较高风险等级 4 级。根据公司的实际情况，由该公司风险管理部门根据预警预案迅速做出判断，根据此时情况进行撤离、停工等相应政策可以将损失降到最低。

本章小结

本章构建了针对于投产后的日常管理中石油涉外企业社会风险预警模型，该模型基于核 *Fisher* 判别分析方法，同样基于我国主要石油涉外企业的历史数据，通过将历史数据运用 *Fisher* 判别分析方法进行分组，运用 *Matlab* 软件进行计算机编程，运算得到判别函数，通过计算判别值与判别函数均值的距离方差的计算，综合主观分析，得到石油涉外企业的社会风险预警等级。并运用某石油涉外企业一组真实数据进行应用，对该公司在该国家的风险预警值进行计算。

第6章 长城钻探工程公司社会风险预警管理案例研究

在前面两章中，已经建立了完善的预警评价模型和预警分析模型，两个模型分别针对石油涉外企业在计划投产前对于某国家或地区社会风险预警等级的计算和已经投产后某石油涉外企业在日常生产中面临的社会风险进行预警分析。两个模型具有很强的实际操作意义。但是预警管理并不是单纯的预警建模，而是应该结合企业的实际情况，制定一套从上至下的预警管理系统，本小节选取长城钻探工程公司为例，根据该企业的特点，进行社会风险评价预警管理系统的建立。特别值得注意的一点是，在本书的第1、2章已经介绍，本书的所有分析研究都是基于国际视角，针对石油涉外企业海外工程项目的社会风险，而不考虑企业面临的其他方面的风险。

6.1 长城钻探工程公司社会风险预警管理体系的建立

6.1.1 长城钻探工程公司海外工程概述

长城钻探工程公司，即中国石油长城钻探工程有限公司（简称长城公司，英文缩写 GWDC），为中国石油天然气集团公司的直属专业化石油工程技术服务公司[116]。公司现有用工总量 3 万余人，拥有钻井、测井和能源开发三大业务板块，业务范围覆盖钻井、测井、录井、钻井液、固井、井下作业、顶驱、钻具等石油工程技术服务的各个环节，以及稠油、天然气、煤层气开发等业务。国内业务分布在 14 个省、市、自治区，国际业务分布在 28 个国家。

经过长期的积累，公司在国内外市场树立了良好的品牌形象，其中，GWDC 和 CNLC 在国内外石油工程技术服务市场有广泛的市场认同。公司通过了国家级高新技术企业认证、中国质量协会 GB/T 和 ISO9000 质量体系认证，获得国家（AAA）级信誉等级证书。主要专业工程技术队伍均通过了 ISO9000 质量体系认证，还获得了德国专业质量体系证书（DQS）与英国 PSRSON 公司颁发的优质施工证书。拥有外经贸权和对外经济技术经营权，是国际钻井承包商协会会员，具有国际、国内工程技术服务总承包能力。

面对新的机遇和挑战，公司秉承"爱国、创业、求实、奉献"的企业精神，恪守"诚信、创新、业绩、和谐、安全"的核心经营理念，不断提升企业核心竞争力，坚定不移地向国际化石油工程技术总承包商目标迈进。

国际化的程度越高，对于长城公司的涉外项目风险评价预警体系要求的就越完善，在面临全球的国际政治、经济、文化环境下，积极努力地做好该公司的社会风险评价预警工作具有长远深刻的现实意义。

长城钻探工程公司国际布局基本情况如下[160]。

GWDC 海外业务目前遍布 25 个国家：哈萨克斯坦、阿尔及利亚、阿曼、阿塞拜疆、巴基斯坦、厄瓜多尔、古巴、肯尼亚、利比亚、秘鲁、尼日尔、苏丹、泰国、突尼斯、土库曼斯坦、委内瑞拉、乌兹别克斯坦、叙利亚、伊拉克、印度尼西亚、印度、乍得、加拿大、哥伦比亚、蒙古。

在美洲，GWDC 目前共有 31 部钻修井机、49 支技术服务队伍在委内瑞拉、古巴、哥伦比亚、秘鲁、厄瓜多尔、加拿大 6 个国家，为 PDVSA、CU-PET、EMERALD 等多个业主提供钻修井、钻井液及固控、定向井、固井、录井、取芯等服务。其中在古巴为 CUPET 成功完成了 2 口大位移水平井服务。

在非洲，GWDC 目前共有 44 部钻修机、193 支技术服务队伍在苏丹、阿尔及利亚、乍得、突尼斯、尼日尔、肯尼亚等国家，为 GNPOC、PDOC、OC – TOUAT、CNPCIC、CNPCNP、GDC 等业主提供油气井钻修井、地热井钻修井、钻井液、固井、定向、取芯、测试等井筒技术服务及稠油开发、油田增产服务。

在中东，GWDC 目前共有 17 部钻修机、98 支服务队伍在伊拉克、叙利亚、阿曼、巴基斯坦等国家，为 NIOC、BP、CNPCI、SSKOC 等业主提供钻修井、钻井液及固控、定向井、酸化、取芯、下套管、测井、录井、测试等服务。

在中亚和南亚，GWDC 目前共有 34 部钻修机、125 支技术服务队伍在哈萨克斯坦、阿塞拜疆、土库曼斯坦、乌兹别克、泰国、印度尼西亚、印度 7 个国家，为 KMG、KOA、GLOBAL ENERGY、PTEEP、CNPC – AMG 等业主提供钻修井、钻井液、固井、定向、酸化、取芯、测井、录井、测试等服务。

长城公司还在不断地扩展自己的海外业务，不断努力向其他国家发掘资源，在向新的国家和地区拓展业务之前，必须要对在该国可能面临到的社会风险进行预警评价，根据评价等级做出相应的措施。

6.1.2 社会风险预警管理部门的构建

石油涉外企业社会风险预警体系应该是一个分部门、分阶段的实时系统，在长城公司计划向某个石油原产国家或地区进行投资时和已经在某石油原产国家或地区开展工程项目的过程中，采用不同的模型对社会风险进行预警评价和预警分析，大量的管理工作应该由专门的部门员工完成，所以为合理构建长城钻探工程公司社会风险评价预警管理系统，首先要在长城钻探工程公司项目部成立风险预警管理委员会和风险预警管理部来保证预警管理职能的实现。

风险预警管理委员会是项目部风险预警的最高机构，负责项目部重大风险的分析与预控对策的选择。由项目部经理领导，其他成员来自其他各个部门，定期开会讨论由风险预警管理部提供的风险预警报告。

风险预警管理部是风险预警管理委员会的常设机构，负责在社会风险日常管理过程中，进行社会风险事件的监测、识别、预警评价和预警分析，并将统计、分析结果以书面形式定期向风险预警管理委员会汇报。

风险预警管理部的具体职责如下。

① 实时监控企业在日常工作中面临的社会风险事件及社会风险事件潜在因素。

② 制定、提交石油涉外企业社会风险预警管理周报及年度报告等相关文件。

③ 审议修改企业社会风险预警管理策略和突发社会风险事件专项应急预案。

④ 审议风险预警管理预控方案。

⑤ 基于第3章中建立的石油涉外企业社会风险评价预警管理指标体系，运用第4、5章中构建的社会风险预警评价、预警分析模型，对本公司的社会风险进行实时监控、评价及做出相应的预警等级判断，采取相应的应急对策及处理措施。

⑥ 办理项目风险预警管理委员会授权的有关风险预警管理的其他事项。

6.1.3 社会风险预警管理内容

社会风险预警管理内容主要包括两个方面。

第一，在长城公司项目部准备开展新国家或地区的石油钻探开采项目前，先进行该国家或地区的社会风险预警评价分析。首先由风险预警管理部搜集一段时间内国际国内权威的媒体对于该国家或地区发生社会风险事件的报道，把这些素材作为社会风险预警评价的一手资料。运用频次分析法对风险事件的报道按照石油涉外企业社会风险评价预警指标体系中三级指标进行分类和频次统计，作为预警评价的原始数据。对原始数据进行预处理后，运用石油涉外企业社会风险预警评价模型，对该国家或地区目前的社会风险等级进行预警评价分析，根据风险等级的判定结合企业管理风险偏好，考虑本公司的特点，制定相应的社会风险规避应对政策，在新项目开发建设过程中，进行有计划的社会风险预警管理工作。

第二，在长城公司项目部进行日常工程开采过程中，进行社会风险预警管理。日常的社会风险预警管理包括 4 个阶段：监测、识别、分析与应对策略。其中，监测是社会风险预警管理系统日常工作的基本保障，识别是社会风险预警管理系统日常工作的关键环节，评价分析是社会风险预警管理系统技术性的分析过程，应对策略是对于社会风险预警管理工作的指导原则。

① 监测。监测是对长城公司内外部社会风险潜在或已显现的信息进行监测与信息处理。在监测过程中，要通过多渠道、多角度、全方位的信息来源对企业面临的社会风险因素进行搜集整理，同时将信息基于石油涉外企业社会风险预警评价指标体系进行分类整理存储，监测结果要做到准确，并可以及时共享到长城公司社会风险管理各个部门。

长城公司采取每周定期从项目所在地向公司风险预警管理部分发送安全周报的方式，进行社会风险监测，安排专人每周将项目所在国及其周边国家发生的有可能对公司产生影响的社会风险事件进行统计描述，由公司风险预警管理部门人员进行统计整理分析，进入第二个阶段，风险识别。

② 识别。在识别过程中，应当基于第 3 章中构建的石油涉外企业社会风险预警评价指标体系，对监测得到的社会风险相关信息进行分析，对长城公司社会风险管理活动中的各类风险的征兆和诱因进行识别，将其按照指标体系中的三级指标进行分类和频次统计，以此作为预警评价分析的数据基础。

③ 分析。分析是基于风险识别的结果，运用石油涉外企业社会风险预警分析模型进行风险预警等级的分析判断，结合第 5 章分析得到的结果，在识别过程中，如果发现指标体系中的 X_1，X_2，X_5，X_6，X_{29} 中任意一个或多个风险事件发生时，则在该分析阶段，直接发出最高等级预警，预警管理部门直接启动应急预案，将损失降到最低。如果在识别过程中，发现指标体系中的 X_1，X_2，X_5，X_6，X_{29} 没有发生，则运用核 Fisher 判别分析方法的模型，判别接下来的社会风险将处于哪个风险等级。根据分析的结果，进入预警管理的第四个阶段，应对策略。

④ 应对策略。根据社会风险预警分析结果，进行应对策略的制定和实施。

6.2 长城钻探工程公司社会风险预警管理体系应用

6.2.1 社会风险预警评价模型的应用

在长城公司项目部准备开展新国家或地区的石油钻探开采项目前，首先进行该国家或地区的社会风险预警评价分析。对于有开采意向的国家和地区，长城公司针对社会风险部分，最需要考虑的是一些主要因素的影响作用，如政权交替、选举、武装冲突等高危因素。核主成分回归分析在其原理的构建中是更加偏向于突出影响因子较高的因素，使之成为主成分，在进行评价中这些影响因子较高的因素会起到更多的作用。所以，此时运用基于核主成分回归分析的社会风险预警评价模型进行社会风险预警评价，可以最大程度上为长城公司提供合理准确的社会风险方面的政策建议。

由于暂时并不知道哪些国家和地区是长城公司的拓展意愿，因此，以石油原产国之一叙利亚为例，假定叙利亚是还未开发即将作为长城公司在 2012 年底准备进行 2013 年拓展业务的国家，现在主要根据对于该国的社会风险进行预警评价，做出是否进驻叙利亚的决策。

首先，分析叙利亚在国际上的政治地位和长城公司的利益考虑。叙利亚拥有 18.5 万平方公里国土，人口 2400 万人，不论从其国土面积上讲还是从人口数量上看，都属于小国。但是，由于叙利亚丰富的古文明和其非常重要的战略地位，在各类书籍和报道中，"世界上最大的小国"成为了其专属名字。从地理位置上看，叙利亚处于亚欧非大陆的交界处，如此重要的战略位置为其政治、经济、文化等方面的发展都创造了许多优势，但同时，也把叙利亚推向了各方势力争夺的风口浪尖。在中东，伊拉克、以色列、黎巴嫩等邻国无一不是世界上极其敏感的国家，这导致中东地区的重大热点问题，如阿以和谈、反恐问题、核不扩散问题以及库尔德民族问题等，无不与叙利亚息息相关[161]。考虑到这些因素，可以认为叙利亚的局势是"牵一发而动中东全身"。同时，叙利亚地处阿拉伯地区北端的产油区，位于伊拉克大油田的边缘，有 800 多个油气构造，已开采的油田集中在叙东部幼发拉底河盆地和东北部土耳其、伊拉克边境地区。目前已探明储量为 25 亿桶，占阿拉伯国家石油总储量（7.188 亿桶）的 3.47% 和世界总储量的 0.2%。

如果将长城公司能够成功进驻叙利亚，那么获得的不仅仅是经济上的利益，更重要的是将我国的企业扎根到一个具有重要战略意义的国家，那么对于石油涉外企业的长远发展具有重要的现实意义，对于国家和民族在国际上的战略地位来说，也是具有重要的历史意义的。基于以上分析，企业首先做出了风险追求的风险偏好。

那么此时，石油涉外企业社会风险预警评价模型能够帮助长城公司对于叙利亚此时处于的社会风险预警等级做出较为准确的判断，对长城公司向叙利亚进行业务拓展时制定预警管理政策起到重要的指导作用。

将近半年内国际社会主流媒体对叙利亚发生的社会风险事件的报道情况，根据石油涉外企业社会风险预警评价指标体系中三级指标中的划分进行分类频次统计，然后利用石油涉外企业社会风险预警评价模型进行风险等级评价。具体实施步骤如下。

① 搜集国际主流媒体对于叙利亚近年来每个月份发生的社会风险事件的报道，将其按照石油涉外企业社会风险预警评价指标体系中的三级指标进行分类及频次统计，得到表 6.1。

② 由第 4 章中得到的石油涉外企业社会风险预警评价模型：

$$y = -3.624X_1 + 1.68646X_2 + 0.640734X_3 + 0.235257X_4 - 0.92153X_5 - 1.99519X_6 - 1.68817X_7 - 0.48238X_8 + 0.003911X_9 - 0.02832X_{10} - 0.32261X_{11} - 0.46375X_{12} - 0.26863X_{13} - 0.20917X_{17} + 0.060927X_{18} - 0.24807X_{20} + 0.543255X_{23} + 0.460263X_{24} + 0.086407X_{25} + 0.001397X_{29}$$

表 6.1   **叙利亚近半年来社会风险事件频次统计**

	叙利亚		叙利亚
X_1	0	X_{16}	0
X_2	0	X_{17}	0
X_3	4	X_{18}	0
X_4	0	X_{19}	0
X_5	0	X_{20}	0
X_6	28	X_{21}	0
X_7	1	X_{22}	0
X_8	6	X_{23}	0
X_9	10	X_{24}	2
X_{10}	0	X_{25}	0
X_{11}	1	X_{26}	0
X_{12}	17	X_{27}	0
X_{13}	5	X_{28}	0
X_{14}	0	X_{29}	0
X_{15}	0		

将叙利亚的社会风险频次统计数据分别代入预警评价模型公式中，得到叙利亚的社会风险预警评级值为：66.3087。

在4.4.3小节石油涉外企业社会风险预警评价模型说明中，已经明确提出，当 X_1，X_2，X_5，X_6，X_{29} 对应的社会风险事件中任何一项或几项发生时，社会风险预警评价值直接定义为最高级别。通过上文中的模型计算，也可以看出，X_6 对应的社会风险事件在叙利亚发生的次数很高，其社会风险预警评价值很高。针对这个预警评价结果，可以看出叙利亚目前处于极高的社会风险预警等级下，长城公司进入叙利亚会面临极高的社会风险。基于国家民族在国际上战略地位和国际形势的考虑，长城公司的管理者已经做出了风险追求的风险偏好，在叙利亚进行投产是必行之路，此时，公司风险管理者就应根据风险预警评价等级制定相应的风险管理政策，力争在投产过程中将社会风险带来的损失降到最低。

6.2.2 社会风险预警分析模型的应用

长城钻探工程公司在二十多个国家建有石油钻探开采工程，本小节选取25个国家在过去三年中安全周报社会风险事件发生的频次统计中较有代表性的6组数据，运用石油涉外企业社会风险分析模型进行预警分析并提出相应对策。由风险预警部门观测和收集社会风险事件及发生社会风险事件的征兆，统计到日报表、周报表和月报表中，将数据代入模型进行计算后得到相应的风险预警等级。然后，根据该国的实际情况，经过风险预警部门人员的多方面综合考虑，采取应对措施。

这6组数据分别为：X_1，X_2，X_5，X_6，X_{29} 对应的社会风险事件中任何一项或几项发生时，则预警等级直接生成最高级；X_1，X_2，X_5，X_6，X_{29} 对应的社会风险事件没有发生，通过模型计算得到预警等级分别为5，4，3，2，1级。其中，针对利比亚的社会风险预警模型通过实例验证可知，可以对长城公司起到重要的指导作用。

6.2.2.1 肯尼亚项目部社会风险预警分析模型的应用

风险预警部门工作人员每天对肯尼亚项目部社会风险事件进行监测，在2013年5月13日，发现在距离项目部280公里一处部落交界处，发生两个部落之间的武装冲突，造成3人死亡，数人受伤。部落冲突数石油涉外企业社会风险预警评价指标体系中三级指标 X_5，在第5章的模型构建过程中已经明确一点，当 X_1，X_2，X_5，X_6，X_{29} 对应的社会风险事件中任何一项或几项发生时，则预警等级直接生成极高风险等级5级，证明该公司在该地区或国家已经面临极高的社会风险。可见，长城公司在肯尼亚项目部已经面临的风险等级为五级。

面临如此之高的社会风险等级,风险预警部门应马上将情况告知领导,启动应急预案,对人员进行疏散、撤离或封闭式管理。所有生产项目停止,并及时派专人与当地政府进行沟通,时刻关注部落冲突的最新进展,判断该部落冲突是否会继续发展或蔓延到其他地区,根据最新情况及时做出反应。石油涉外企业建立自己的海外项目社会安全风险信息收集和分析的渠道和特定指标,同时密切关注这些指标的变化趋势。定期确定安全风险主题,进行预警信息收集、处理和分析。对于 X_1、X_2、X_5、X_6、X_{29} 这类特殊指标,应该由专人时刻监测,随时汇报,以便做到及时预警、减少损失。

6.2.2.2 利比亚项目部社会风险预警分析模型应用的成功案例

事件回顾:据媒体报道,2011 年 2 月 16 日,数百名利比亚民众在该国第二大城市班加西举行抗议活动,与当地警方和政府支持者发生冲突。与此同时,南非多个地区的抗议活动已经进入第 3 天。截至 2011 年 2 月 24 日,利比亚骚乱已造成 300 人遇难。由于骚乱的影响,中方驻利比亚的企业基本都停止了施工。我国政府拟随时进入利比亚,分批组织我国包括港澳台同胞在内的驻利比亚人员安全有序撤离。由于中东局势持续紧张以及美元走低为油价提供支撑,纽约商品交易所原油期货 2011 年 2 月 21 日的亚洲电子盘交易价格大幅攀升。由于不断增加的避险性需求支撑,国际金价也延续此前上涨势头,在纽约商品交易所交易的黄金期货价格再次站上每盎司 1400 美元的高位[162]。

在此期间,我国政府通过其他途径提前得知利比亚政局的实际情况,制定了驻利政府人员、驻利企业领导、驻利员工和游客分批撤离的政策,在大规模风险事件发生前将中方人员全部安全撤离,虽然经济上遭受一定损失,但是最大程度保障了中方人员人身安全。当时,中国石油长城钻探工程有限公司在利比亚已经开展了石油开采项目,在春节期间,将工作人员按照我国政府统一安排,在 2011 年 2 月 15 日前全部撤离利比亚安全回国,就在安全撤离的第二天,利比亚爆发了大规模的动乱,若我国工作人员不按时撤离,会对其人身安全产生极大地威胁。

下面,运用石油涉外企业社会风险预警分析模型对此次事件进行分析。搜集 2011 年 2 月之前三个月内利比亚发生社会风险事件的频次统计,得到社会风险事件对应的指标值为 X =(001000502004100000000),发现并没有 X_1、X_2、X_5、X_6、X_{29} 中任何一项发生,将指标值代入判别函数中,

$$
\begin{aligned}
y_1(X) = {} & -0.00044X_1 - 0.15982X_2 - 0.00296X_3 - 0.001479X_4 - 0.04118X_5 - \\
& 0.03601X_6 - 0.01297X_7 - 0.01073X_8 - 0.01756X_9 - 0.00776X_{10} - \\
& 0.05754X_{11} + 0.010495X_{12} - 0.00077X_{13} - 0.03034X_{17} + 0.023616X_{18} -
\end{aligned}
$$

$$0.03451X_{20} - 0.00132X_{23} + 0.008388X_{24} - 0.00453X_{25} + 0.014627X_{29}$$

$$y_2(X) = 0.000675X_1 - 0.06772X_2 + 0.020345X_3 - 0.00345X_4 - 0.01182X_5 +$$
$$0.00818X_6 + 0.018566X_7 - 0.0019X_8 - 0.00537X_9 + 0.006432X_{10} -$$
$$0.05362X_{11} - 0.05998X_{12} - 0.00928X_{13} + 0.143436X_{17} - 0.01803X_{18} +$$
$$0.027891X_{20} - 0.0128X_{23} - 0.00377X_{24} - 0.00143X_{25} + 0.00092X_{29}$$

$$y_3(X) = 0.021616X_1 - 0.04193X_2 - 0.00117X_3 + 0.006331X_4 - 0.00491X_5 -$$
$$0.00334X_6 - 0.00424X_7 - 0.00133X_8 - 0.00566X_9 - 0.03335X_{10} -$$
$$0.0901X_{11} + 0.020793X_{12} - 0.00534X_{13} - 0.03819X_{17} - 0.05163X_{18} -$$
$$0.00358X_{20} - 0.05113X_{23} - 0.0039X_{24} - 0.01562X_{25} + 0.051237X_{29}$$

$$y_4(X) = -0.02538X_1 + 0.015072X_2 - 0.00964X_3 + 0.042212X_4 +$$
$$0.058837X_5 - 0.01639X_6 - 0.03759X_7 - 0.00192X_8 + 0.00448X_9 -$$
$$0.0503X_{10} + 0.004624X_{11} - 0.0067X_{12} - 0.00347X_{13} - 0.156X_{17} -$$
$$0.0246X_{18} - 0.06787X_{20} - 0.01608X_{23} + 0.016208X_{24} + 0.016319X_{25} +$$
$$0.112672X_{29}$$

$$y_5(X) = 0.065709X_1 + 0.026123X_2 - 0.08395X_3 + 0.008852X_4 + 0.012406X_5 +$$
$$0.000971X_6 - 0.0032X_7 + 0.000604X_8 + 0.003978X_9 + 0.059171X_{10} -$$
$$0.00187X_{11} - 0.00187X_{12} + 0.000155X_{13} - 0.0429X_{17} - 0.0007X_{18} +$$
$$0.07309X_{20} + 0.000473X_{23} + 0.00121X_{24} + 0.003961X_{25} - 0.02067X_{29}$$

计算得到 5 个判别函数得分分别为

$a_1 = y_1 = -0.1769,$

$a_2 = y_2 = -0.1987,$

$a_3 = y_3 = 0.0486,$

$a_4 = y_4 = 0.1129,$

$a_5 = y_5 = 0.0867 。$

由五类风险预警级别下判别函数得分均值表 5.7，可得出五类风险预警级别下判别函数均值矩阵

$$\boldsymbol{b} = \begin{bmatrix} 0.0051 & -0.0307 & -0.0786 & 0.0005 & 0.027 \\ -0.0206 & -0.0103 & -0.0178 & -0.0306 & 0.027 \\ 0.0073 & -0.0814 & -0.0081 & 0.0041 & 0.027 \\ -0.0256 & -0.0019 & -0.019 & 0.012 & 0.027 \\ -0.1129 & -0.0336 & -0.0329 & 0.0002 & 0.027 \end{bmatrix}$$

进而得到 5 类风险级别下的判别函数距离平方和：

$d_1 = (a_1 - b_{11})^2 + (a_2 - b_{21})^2 + \cdots = 0.0948,$

$d_{22} = (a_1 - b_{12})^2 + (a_2 - b_{22})^2 + \cdots = 0.0929,$

$$d_3 = （a_1 - b_{13}）^2 + （a_2 - b_{23}）^2 + \cdots = 0.0917,$$

$$d_4 = （a_1 - b_{14}）^2 + （a_2 - b_{24}）^2 + \cdots = 0.0972,$$

$$d_5 = （a_1 - b_{15}）^2 + （a_2 - b_{25}）^2 + \cdots = 0.0913。$$

通过模型计算可知该组数据与五类风险级别的距离中，与第五类距离最小，可知当时长城公司处于的社会风险预警等级为五级，属于极高风险等级。发现这一情况时，风险管理人员应马上汇报公司总部风险管理部门领导请求指示。

公司总部风险管理部门领导应迅速对利比亚一段时间内发生的风险事件进行分析，通过分析不难发现，该国家已经较长时间处于社会动荡状态，小规模抗议活动时有发生、国家公民骚动不断、民族冲突频发，基于这种情况，风险管理部门可推断出利比亚即将发生大规模的社会风险事件，会对长城公司造成极大影响。结合社会风险预警分析模型的客观数据和风险管理部门工作人员的主观分析，公司总部应立即做出启动应急预案，将工作人员即刻分批次撤离的决定。

可见，基于社会风险预警分析模型的指导，可以提前做出判断，安排包机将工作人员进行撤离，同时可以将重要的设备资源、贵重物品提前运输回国，保障人员安全的同时，尽量减小经济损失。

通过利比亚案例可知，石油涉外企业在发生社会风险事件前特别是重大的社会风险事件之前，一定会在不同的方面表现出各种征兆，因此，石油涉外企业在日常工作中，一定要建立多方位、多渠道、多角度的完善的社会风险信息网络和情报交流体系，社会风险管理部门为了准确地掌握项目所在国家或地区的社会风险信息，必须针对项目所在国家或地区的内外环境，从生产领域、消费领域、国家周边环境、国际环境等各个方面搜集显性和隐性的社会风险信息，通过分析判断，建立起这些信息与企业所面临的社会风险的内在联系，将这种分析与社会风险预警分析模型相结合，能够达到更好的风险防范目的，极大程度上降低社会风险给石油涉外企业带来的危害。

建立完善的社会风险应急预案，并在日常的工作中定期进行风险应急预案的演练。当高风险事件发生时，即刻启动相应的应急预案，使工作人员能够有条不紊地迅速撤离，将损失降到最低。

6.2.2.3 叙利亚项目部社会风险预警分析模型的应用

风险预警部门工作人员每天对叙利亚项目部社会风险事件进行监测，2013年 5 月整月都没有发生石油涉外企业社会风险预警评价指标体系中三级指标 X_1，X_2，X_5，X_6，X_{29}对应的社会风险事件，所以应用核 Fisher 判别模型进行风险预警值的判断。样本指标值为 $X =$（0 0 1 0 0 0 0 0 1 0 0 0 0 0 0 0 0 0 0

0），将样本指标值代入判别函数中，计算得到 5 个判别函数得分分别为

$a_1 = y_1 = -0.02052$，

$a_2 = y_2 = 0.014975$，

$a_3 = y_3 = 0.00683$，

$a_4 = y_4 = -0.00561$，

$a_5 = y_5 = -0.079972$。

根据五类风险预警级别下判别函数得分均值矩阵，计算出五类风险级别下判别函数距离平方和：

$d_1 = 0.0071$，

$d_2 = 0.0015$，

$d_3 = 0.0071$，

$d_4 = 0.0011$，

$d_5 = 0.0112$。

得到这组数据与五类风险预警等级的距离中，第四类距离最小，可判定长城公司叙利亚项目部在 2013 年 5 月预警级别为高风险等级 4 级。根据公司的实际情况，由该公司风险管理部门根据预警预案迅速做出判断，此时，并不需要采取撤离政策，可根据形势采取停工、封闭式管理的政策，将公司员工的活动限制在固定的安全范围内，同时时刻监测社会风险状况，当社会风险等级有所下降时，再重新开始作业工作。

6.2.2.4　委内瑞拉项目部社会风险预警分析模型的应用

风险预警部门工作人员每天对委内瑞拉项目部社会风险事件进行监测，2010 年 12 月整月都没有发生石油涉外企业社会风险预警评价指标体系中三级指标 X_1，X_2，X_5，X_6，X_{29} 对应的社会风险事件，所以应用核 Fisher 判别模型进行风险预警值的判断。委内瑞拉在 2010 年 12 月，发生社会风险事件的指标值为 X ＝ （0 0 0 0 1 0 0 0 0 0 0 0 0 0 0 3 0 0 1 0 0），计算得到 5 个判别函数得分分别为：$a_1 = -0.0381$，$a_2 = -0.0697$，$a_3 = -0.1637$，$a_4 = -0.0012$，$a_5 = 0.0094$。进而求得 5 类风险级别下的判别函数距离平方和：$d_1 = 0.0306$，$d_2 = 0.0293$，$d_3 = 0.0283$，$d_4 = 0.0402$，$d_5 = 0.0359$。

通过计算结果可知与第三类风险级别距离最近，判断风险等级为较高风险等级 3 级。当社会风险等级为 3 级时，企业不必采取停工的措施，但必须继续强化项目员工的风险意识，同时企业尽量减少与当地居民、员工发生摩擦，尽一切可能控制社会风险等级的上升，做好社会风险监测工作，一旦发现社会风险等级有上升趋势，即刻采取相应预案。

6.2.2.5　阿曼项目部社会风险预警分析模型的应用

风险预警部门工作人员每天对阿曼项目部社会风险事件进行监测，2012

年 5 月整月都没有发生石油涉外企业社会风险预警评价指标体系中三级指标 X_1，X_2，X_5，X_6，X_{29} 对应的社会风险事件，所以应用核 Fisher 判别模型进行风险预警值的判断。阿曼项目部在 2012 年 5 月发生社会风险事件的指标值为 $X =$（0 0 0 0 0 0 0 0 0 0 0 0 0 0 0 0 0 0 0 2 1 0），计算得到 5 个判别函数得分分别为：$a_1 = -0.0122$，$a_2 = -0.0090$，$a_3 = -0.0234$，$a_4 = -0.0487$，$a_5 = 0.0169$。进而计算求得 5 类风险级别下的判别函数距离平方和：$d_1 = 0.0028$，$d_2 = 0.0024$，$d_3 = 0.0025$，$d_4 = 0.0060$，$d_5 = 0.0059$。可知与第二类风险级别距离最近，判断风险级别为一般风险等级 2 级。

通过社会风险预警分析模型计算结果，得到阿曼项目部目前处于较为安全的状态，在正常进行开采工作的同时，继续严密监测社会风险情况、深化公司员工的社会风险防范理念。

6.2.2.6　厄瓜多尔项目部社会风险预警分析模型的应用

风险预警部门工作人员每天对厄瓜多尔项目部社会风险事件进行监测，2011 年 1 月整月都没有发生石油涉外企业社会风险预警评价指标体系中三级指标 X_1，X_2，X_5，X_6，X_{29} 对应的社会风险事件，所以应用核 Fisher 判别模型进行风险预警值的判断。厄瓜多尔在 2011 年 1 月发生社会风险事件的指标值为 $X =$（0 0 0 0 0 0 0 0 0 0 0 0 0 0 0 0 0 1 0 0），计算得到 5 个判别函数得分分别为：$a_1 = -0.0084$，$a_2 = -0.0038$，$a_3 = -0.0039$，$a_4 = -0.0162$，$a_5 = -0.0010$。进而求得 5 类风险级别下的判别函数距离平方和：$d_1 = 0.0001$，$d_2 = 0.0002$，$d_3 = 0.0002$，$d_4 = 0.0019$，$d_5 = 0.0002$。可知与第一类风险级别距离最近，判断风险级别为低风险等级 1 级。

根据社会风险预警分析模型计算结果可知，厄瓜多尔项目部此时处于非常安全的状态，可正常进行开采工作，但是社会风险监测工作不能放松，同样应该时刻进行紧密监测。

6.2.3　石油涉外企业社会风险预警管理策略体系

中国石油长城钻探工程有限公司是我国十分具有代表性的石油涉外企业，根据本书对于石油涉外企业社会风险预警管理的研究以及本章针对于长城公司的案例研究，结合石油涉外企业的特点制定社会风险预警管理对策与措施如下。

6.2.3.1　树立海外企业安全意识，建设企业安全文化

基于石油涉外企业的特点和石油涉外企业社会风险的特殊性原理，石油涉外企业的社会风险管理工作的首要任务是增强员工做好社会风险工作的责任感和使命感，增强从公司管理层、社会风险管理部门、海外项目部负责人至全体

员工对于社会风险的认识，牢固树立高警觉性、高敏感度的社会风险预警观念，让全体员工时刻将社会风险安全的重要性牢记心中，强化企业社会风险管理意识。

石油涉外企业要在日常积极建设企业的安全文化，让海外员工把"我要安全"的意识深入每个人心中，逐步使广大员工时时、处处都把安全记在心上，落实在行动上，做到每个人都能"自主管理"和"不伤害别人、不伤害自己、不被别人伤害"，使企业的每一项活动都渗透进安全文化的意识。

除了风险预警部门的员工时刻关注社会风险事件之外，所有海外工程项目中的员工都要树立起强烈的安全意识，增强对于社会风险事件的敏感程度，任何人发现有社会风险事件将要发生的势头时，及时向风险预警部门的员工汇报，以便于风险预警部门员工准备进行社会风险预警评价管理工作。

6.2.3.2　合理运用社会风险预警评价模型，提高预警评价能力

石油涉外企业面临的一个客观事实就是那些法律秩序井然、社会运转协调的国家的石油资源早已被西方石油寡头所控制，现在所能进入的海外石油所在地往往是高风险的国家和地区。因此，石油涉外企业要在计划向新的国家或地区拓展业务之前，充分运用石油涉外企业社会风险预警评价模型，分析判断有关国家或地区的总体形势，本着"风险最小，效益最大"的原则，确定石油涉外企业油气勘探开发战略。

6.2.3.3　合理运用社会风险预警分析模型，提高预警分析能力

在石油涉外企业在海外工程项目进展的过程中，社会风险预警管理的工作重心是如何在社会风险事件发生前，对该国家或者地区的社会风险等级做出准确的评价，进而使风险带来的损失降到最低。为此，应加强对社会风险预警管理部门的重视，合理利用社会风险预警分析模型，使相关国家的社会风险预测预警常态化，对项目所在国以及石油原产国家或地区的社会风险进行全面、深入的分析和评判，在最大限度发挥保障作用的同时，从源头上防范和规避社会风险。

（1）拟定预警管理计划，收集相关信息

石油涉外企业建立自己的海外项目社会风险信息收集和分析的渠道和特定指标，同时密切关注这些指标的变化趋势。定期确定安全风险主题，进行预警信息收集、处理和分析。根据对收集到的相关信息数据进行预处理，分析处理结果，制定下一步社会风险预警管理的计划，使社会风险预警管理工作做到有条不紊、按部就班。

（2）科学分析，及时预测

石油涉外企业社会风险预警管理部门根据多方面收集到的社会风险相关信

息，综合分析项目所在国家或地区的特征规律，对该企业面临的社会风险进行综合性的预警评估。风险预警评估是风险预警管理的一个基本步骤。就是通过模型分析和预测，评估危险事件发生的可能性，以及对环境、公司和人员所造成的影响，目的是确定风险等级以及相应的防范措施。对社会风险预警分析结果要定期发布，形成制度。第一，针对政局变化较大、社会风险较高的国家，每天发布社会风险预警分析结果，制作安全日报。第二，针对所有项目所在国家或地区发生的社会风险预警分析进行安全周报制作，上报至社会风险预警管理部门。第三，密切跟踪伊拉克、苏丹、乍得等重大社会风险事件易发的国家或地区，深入研究其社会风险相关问题，特别是重要社会风险事件的潜在因素，对石油涉外企业社会风险预警管理做好指导。

6.2.3.4 建立多渠道的社会风险信息网络和情报交流体系

情报信息是社会风险预测分析的重要依据，在社会风险分析的过程中占有极为重要的地位，建立信息网络和情报交流体系是十分必要的。石油涉外企业社会风险预警管理部门应建立一个全方位、多渠道的社会风险信息网络和情报交流体系，对从各渠道获取的预警预测信息进行统计汇总，构建信息数据库并实时更新，同时建立完善的信息情报交流机制。石油涉外企业风险预警管理部门要在各地区项目部、专业机构和社会组织的协助下，对项目所在国家和地区的社会风险信息和资料予以收集、整理、分析、判断和建库，对整个信息处理过程实施程序化管理。石油涉外企业社会风险预警管理部门，在及时掌握公司内部各级预警管理部门提供的预警预报信息的同时，要通过全方位、多渠道的社会风险信息网络获取有关信息，扩大覆盖，体现时效性，提高预警预报工作的科学性。

石油涉外企业社会风险信息主要可以通过三个途径获取。第一，搜集情报。搜集情报可以通过多种途径，如媒体报道、期刊杂志、互联网信息、在中国的访问专家等。可以通过以上途径得到关于相关地区的历史及当前社会动态。通过综合主客观的情报及言论，将一些潜在信息进行统计、积累和分析，作为进行石油涉外企业社会风险预警管理的一手资料。第二，现场勘查。石油涉外企业社会风险预警管理部门工作人员应定期赴海外项目部进行现场勘查，感受工作一线的实际环境，通过实地考察可以完善情报信息，有利于做出更加准确的社会风险预警分析。第三，加强与有关部门和机构的沟通。石油涉外企业社会风险预警管理部门应在日常工作中，与我国政府部门、项目所在国的有关部门、国际专业安保机构、兄弟单位、项目所在国的宗教领袖知名人士等建立良好关系，定期向中国使领馆汇报项目的社会风险情况和获取相关的信息，并和兄弟单位建立社会风险信息定期通报制度，定期参加组织的信息交流和风险提示会，从而获取各种提示和预警。与驻在国相关机构和人员做好沟通，定期拜访当地政府和警察局，与当地的宗教领袖、知名人士建立良好的关系，了解社会动态，及时掌握所在国和项目周边安全形势。

6.2.3.5 制定和完善社会风险应急预案，提高应急处置能力

为提高海外项目社会风险事件的整体应急反应能力，确保在紧急情况下能及时、有序地采取应急措施，最大限度地预防和减少社会风险事件及其造成的损害，有效保护人员和财产安全，应制定相应的风险应急预案，提高应急处置能力。风险应急预案应适用于海外项目对所有可能影响到社会风险事件的应急管理，指导范围包括企业总部、涉外企业、海外项目部和所属基层作业队。

（1）应急预案的制订

应急预案采取分级制定和完善的原则，石油涉外企业应根据自身情况组织制定《石油涉外企业突发社会风险事件专项应急预案》，在面临突发社会风险事件时，按照应急预案从整体上保持一致，做好对突发社会风险事件的应急组织和协调工作。

（2）应急预案的完善与变更管理

海外项目社会风险应急预案应根据风险的发生和发展趋势、应急资源的变化以及预案实施中发现的问题及时修订、补充。海外项目应急预案原则上应每年评审一次，如果机构职责或应急资源发生较大变化，以及在应急过程中发现不足和问题时，应及时更新和完善。应急预案变更后应及时传达到相关方和有关人员。

（3）应急预案演练和应急保障

海外项目部负责组织专项应急预案的培训和演练工作，对所属各单位人员进行应急培训。项目部所属各单位应结合当地实际情况制订应急培训和演练计划，定期开展演练，并对全体员工进行培训。在海外工程项目单位应配备海事卫星电话和医疗急救包，特别是较高风险的国家或地区，更要做好应急保障，采取多种方式，建立与相关通讯、交通运输部门、医疗救助部门的友好关系，当突发社会风险事件发生时，能够协调多方面相关部门进行第一时间的救助合作，以此提高石油涉外企业社会风险应急能力。

6.2.3.6 健全海外安全培训体系，提高风险管理能力和防范技能

"无知者无畏"，只有深入了解国际国内安全形势，同时，牢固掌握针对社会风险事件的防范技能，才能最大程度地降低社会风险带来的危害。近年来发生的大量海外华人社会风险事件的一个主要原因在于海外华人缺乏足够的社会风险防范意识，以及对各种社会风险如何规避、控制、化解缺乏应有的知识和实务能力。因此，石油涉外企业需要健全海外项目社会风险培训体系，增强

员工自我保护意识和能力，提高风险管理能力和防范技能，以保障海外项目员工和财产安全。只有严格培训，严格考核，在充分调研海外员工社会风险培训需求的基础上，明确培训对象，安排有针对性的培训内容，建立一套完善的培训和考核方式，才能有效提升海外项目社会风险管理水平，才能切实提高海外员工防范社会风险的意识和技能。

（1）培训对象

针对石油涉外企业的人员构成特点，企业内不同员工应开展不同的培训内容，故将培训对象分为两类：管理型人员和操作型人员。管理型人员决定着石油涉外企业社会风险管理综合能力的高低。操作型人员决定着员工个体应急反应的成败。

（2）培训内容

培训内容要覆盖石油涉外企业海外工程作业的整个阶段，从心理磨炼到意识提升、从观念更新到技能掌握、从理论培训到实际演练，都要针对不同类型的培训对象开展具有特点的培训内容。在培训过程中实施严格管理，确保培训效果。针对即将出国人员需要安排内容丰富的涉外安全培训。首先，在过去外事纪律教育的基础上，给涉外人员安排一些当地语言、急救逃生等培训课程，比如项目所在地语言的日常对话，发生肢体伤害时的简单包扎自救措施，危机事件发生时的逃生避难方法等。其次，开展各种活动与课程，使涉外员工对当地社会的文化和风俗、法律有比较深入的了解，到达工作现场后还必须向员工介绍周围环境、当地治安情况和要求、公司安全管理制度和应急系统等。同时，强化员工的海外社会风险防范意识，加强向驻外使领馆寻求领事保护的观念，夯实法律意识，并知道如何借助法律武器保护自身的生命财产安全。组建专业化的培训团队，面向不同类别人员开发有针对性的培训内容。

6.2.3.7 确保防范社会风险的资金投入，提高防范能力

在石油涉外企业进行社会风险防范的过程中，不论是进行物防、技防还是人防，从人员培训到应急物资准备、从日常社会风险管理到发生社会风险事件时人员及物品的安置，都必须建立在资金投入保障的基础上，只有保障应用于社会风险预警管理的资金的稳定投入，才能做好社会风险预警管理工作。石油涉外企业应统一制定海外办公场所、驻地、作业现场的"三防"标准，确保资金投入，达不到标准不能施工作业。石油涉外企业的各级社会风险管理部门，均应配备足够的通讯和报警、监视设备，做到"一车一报话机、一班组一卫星电话"。并且安装报警和监视系统，遇有突发事件能及时发布报警信息。在项目部和作业区配备保安，定期对办公区域进行巡逻。加强物理安防设施，给相关人员配备无线对讲机、海事卫星电话；在基地周围建立钢丝围栏；做好

应急物资的准备，在项目部、基地等办公区域和居住地设置门禁系统和电子监控系统。加强物理安保设施的检查工作，要专人负责定期对各种物理安保设施进行检查，尤其是门禁系统、应急车辆及监控系统。

6.2.3.8　从多方面加快本地化步伐

在当今国际政治形势下，从多方面加快本地化步伐是降低社会风险的主要途径。通过员工、合作、采购、工程配套服务和后勤保障等多个方面的本地化等措施，可以大力推动本地化进程。在海外工程作业过程中，本着"以人为本"的原则，石油涉外企业应不断提高员工本地化，增加驻在国的员工数目，减少中国员工数量，一方面解决了驻在国的国民工作问题，另一方面可以通过加强与当地国民的联系降低社会风险事件对于人员生命造成的威胁。同时，石油涉外企业海外项目所在国多处于技术落后、经验不足的发展中国家，这些国家本身也拥有很多石油企业，但是由于其实际状况限制，这些石油企业在管理、技术、经验等方面远不及我国石油涉外企业。因此，我国石油涉外企业可以发挥自身优势，与东道国的石油企业进行合作，利用其在资源和信息渠道上的优势，共同进行开发作业。这种合作方式可以有利于我国石油涉外企业与东道国政府保持良好稳定的关系，同时可以在了解项目所在地的经济环境、政治环境、风俗习惯、法律政策的过程中减少很多障碍，最大限度地降低源自于东道国的社会风险。

6.2.3.9　在东道国树立企业形象，最小化东道国敌对倾向

面对高风险国家复杂的社会安全局势，石油涉外企业应该从自身和外在环境两方面制定社会风险管理策略，一方面要加强自我保护和防范；另一方面要标本兼治，与东道国及所在社区建立和谐关系。从世界范围来看，一个优秀的企业应当是对自己、对他人负责任的企业。如果能够给东道国留下一个负责任的印象，那么石油涉外企业在其进行工程作业的过程中，会得到东道国的认可和尊重，可以在很大程度上减少或避免东道国当地民众由于文化、民族习俗等方面的差异带来的社会风险。石油涉外企业通过更好地履行社会责任，为所在国带来切实利益，可以赢得东道国国民的尊重和信任。石油涉外企业在东道国不仅要做好国家层面的公益事业，更要主动做好工程项目所在地社区的惠民公益事业，可以用情感与当地人民拉近距离，减少当地人民的排外情绪。同时，加大对当地人民的培训力度，促进当地人民就业，在解决当地人民就业的同时，也可以加快石油涉外企业的当地化步伐，可以很好地起到缓解劳资矛盾的作用。在自身发展的同时，可以快速带动地区经济发展，造福当地人民。同时，也要维系好与东道国主流媒体之间的关系，通过主流媒体的正面报道和积极引导，宣传企业在东道国为当地人民造福的事实，不断提升企业在当地人民

心目中的地位和形象，争取当地政府、社区和宗教人士的支持，使公司海外业务深深地根植于东道国。

石油涉外企业社会风险预警策略体系如图 6.1 所示。

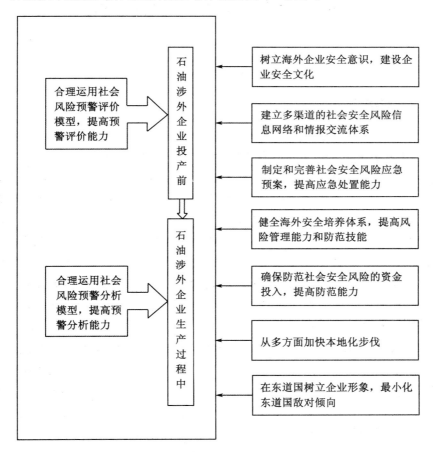

图 6.1　石油涉外企业社会风险预警策略体系

本章小结

本章以中国石油总公司长城工程钻探工程公司为实践案例，制定一套从上至下完善的社会风险评价预警管理系统，并提出相应的社会风险预警管理对策与措施，对该公司的社会风险管理起到重要的指导作用。

第7章 结论与展望

7.1 研究结论

本书紧紧围绕"石油涉外企业社会风险预警管理"这一主题,运用理论研究与实证研究相结合、文献分析与调查研究相结合、定性分析与定量研究相结合、宏观视角为主兼顾微观考量的研究方法,对"石油涉外企业社会风险预警管理"进行了较为系统和深入的分析研究。通过对我国石油涉外企业社会风险管理状况进行大量问卷调研,大量搜集国际重要媒体对于石油原产国发生社会风险事件报道的频次统计、国际最具影响力的风险评价机构对于石油原产国社会风险等级的评价以及对中国石油长城钻探工程有限公司 2010—2013 年发生的社会风险事件案例的实例研究后发现,建立石油涉外企业社会风险预警评价和预警分析模型具有很重要的现实意义。本书主要研究内容和结论如下。

① 石油涉外企业社会风险预警管理的特殊性在于其高视角、分阶段、复杂性、长远性,应基于国际视角、综合考虑国家民族利益、放眼长远利益,将石油涉外企业预警管理分为投产前和投产后两个不同阶段。石油涉外企业社会风险预警管理的流程包括明确基础信息、社会风险识别、社会风险预警评价、社会风险预警分析、社会风险应用检验、社会风险预警政策。

② 石油涉外企业社会风险预警评价指标体系包括 4 个一级指标、12 个二级指标和 29 个三级指标。这个指标体系可以为我国石油涉外企业进行社会风险管理提供理论支持。

③ 基于核主成分回归分析的方法建立的核主成分回归方程,可对石油涉外企业社会风险进行投产前预警等级评价。有助于石油涉外企业在计划向某个国家或地区进行投产前,首先对该国家或地区的社会风险预警等级进行评价。投产前核主成分与经评价模型为

$$y = -3.624X_1 + 1.68646X_2 + 0.640734X_3 + 0.235257X_4 - 0.92153X_5 - 1.99519X_6 - 1.68817X_7 - 0.48238X_8 + 0.003911X_9 - 0.02832X_{10} - 0.32261X_{11} - 0.46375X_{12} - 0.26863X_{13} - 0.20917X_{17} + 0.060927X_{18} -$$

$$0.24807X_{20} + 0.543255X_{23} + 0.460263X_{24} + 0.086407X_{25} + 0.001397X_{29}$$

④ 基于核 Fisher 判别分析方法的石油涉外企业风险预警分析模型，有助于判定石油涉外企业投产后的社会风险预警等级。

⑤ 以中国石油总公司长城公司为例，设计一套自上而下的预警管理体系，包括预警管理部门的设定、社会风险预警评价模型和分析模型的应用，社会风险预警管理对策与措施的制定。关于中国石油总公司长城钻探工程公司的案例研究证明，本书的研究成果确实对石油涉外企业的社会风险预警管理具有指导作用。

7.2 主要创新性成果

本书的创新性成果主要有以下几点。

① 构建了石油涉外企业社会风险预警管理理论框架。将国际政治学、国际经济学等多学科理论融入社会风险管理理论，并应用风险偏好理论建立了石油涉外企业社会风险预警管理框架，该框架对于大量走出国门的石油涉外企业具有极强的现实指导意义。

② 构建了石油涉外企业社会风险预警评价指标体系。依照石油涉外企业社会风险预警评价指标体系的设计原则，综合运用文献分析法、频次统计法、实地调研法、德尔菲法，并大量发放问卷，建立石油涉外企业社会风险预警评价指标体系。该指标体系可以广泛应用于我国石油涉外企业，为其社会风险预警管理提供理论支持。

③ 建立了石油涉外企业投产前社会风险预警评价模型。综合分析石油涉外企业的特点和数据特征，确定了使用核主成分回归分析的方法进行建模，并最终建立了石油涉外企业社会风险预警评价回归模型。该模型主要针对石油涉外企业在某个国家或地区投产前进行该国家或地区的社会风险预警等级评价，结合企业的风险偏好，对石油涉外企业的投产决策具有重大指导作用。

④ 建立了石油涉外企业投产后社会风险预警分析模型。利用我国主要的石油涉外企业在 25 个主要项目所在国家或地区发生社会风险事件的频次统计与风险评估机构或者权威风险评估部门的风险等级评价结果，运用核 Fisher 判别分析建立风险事件发生于风险评级之间的线性关系，进而确定石油涉外企业社会风险的预警等级的判断方法。该模型主要针对石油涉外企业在某个国家或地区投产后的社会风险预警分析。

⑤ 提出了石油涉外企业社会风险预警管理策略体系。开展了石油涉外企

业社会风险预警管理策略的案例研究。通过关于中国石油总公司长城工程钻探工程公司的案例研究，验证了本书研究结论的正确性与适用性。并结合应用结果制定出一套针对于石油涉外企业完善的社会风险预警策略体系，进而形成社会风险预警管理对策与措施。对该种类型企业的社会风险管理起到重要的指导作用。

7.3　研究展望

本书围绕石油涉外企业社会风险预警管理展开研究，重点是石油涉外企业社会风险预警评价指标体系的建立、石油涉外企业社会风险预警评价模型的构建、石油涉外企业社会风险预警分析模型研究。虽然本书在这些方面做了一些有益的探索，但由于受学术能力和时间限制，存在一些不足和缺陷。在今后的学习和工作中，将在这些问题和研究方向上做进一步的研究，同时对本书研究进行充实。具体有以下两个方面。

① 对石油涉外企业社会风险预警管理体系进行计算机编程，得到一个可视化操作平台。

② 根据不同企业的特点，对石油涉外企业社会风险规避方法和应急预案制定做更加细致深入的研究。

参考文献

[1]中国石油油品信息网.http://www.cnpc.com.cn/ypxx/?COLLCC = 2089506353&.

[2]李晓琳.中石油海外企业安全管理研究[D].青岛:中国石油大学(华东), 2009.

[3]刘宝发.国际石油勘探开发项目政治风险的不确定性研究[J].中国石油大学学报(社会科学版),2009,25(2):1 - 4.

[4]王雷.企业风险的预警与防范系统探析[J].商场现代化,2006(15):59 - 60.

[5]董秀丽.世界能源战略与能源外交:总论[M].北京:知识产权出版社,2011.

[6]戴德铮.国际政治学要论:国际政治态势与战略应对[M].北京:时事出版社,2011:78 - 81.

[7]韩狄明,詹兆雄.二战与石油[J].上海商学院学报,2005(3):51 - 56.

[8]张应语.风险偏好理论与实证研究:以大型国有企业管理人员为例[D].北京:北京理工大学,2009.

[9]中国企业家调查系统.中国企业经营者价值取向:现状与特征[J].管理世界,2004(6):82 - 96.

[10]肖利民.国际工程承包项目风险预警研究[D].上海:同济大学,2006.

[11]赵珊珊,刘俊颖,李海丽.海外工程项目中雇员安全健康的风险应对[J].国际经济合作,2007(8):67 - 70.

[12]高建明,刘骥,曾明荣,等.我国生产安全领域个人风险和社会风险标准界定方法研究[J].中国安全科学学报,2007(10):91 - 95.

[13]张春涛,赵卿.哈萨克斯坦项目部加强安全管理[N].石油管道报,2007 - 10 - 15.

[14]彭永铭,王建峰,肖一兵.国际工程中的安全管理:浅谈安全管理在巴贡电站工程施工中的应用[J].四川水力发电,2007(S1):52 - 54.

[15]王守清.国际工程项目风险管理案例分析[J].施工企业管理,2008(2):40 - 42.

[16]王宜利.国际工程项目风险控制和防范[J].电器工业,2008(12):70 - 71.

[17]Beck U. World risk society[M]. Hoboken, New Jersey:Wiley - Blackwell,

2009.

[18]刘强,江涌鑫.国际工程项目风险管理框架与案例分析[J].项目管理技术,2009,7(12):59-64.

[19]孙嘉天,吴景泰.WBS-RBS方法在海外工程项目风险辨识中的应用[J].沈阳航空工业学院学报,2009(2):65-69.

[20]臧子东.国际石油工程项目风险管理问题及对策研究[J].齐齐哈尔大学学报(哲学社会科学版),2009(3):30-32.

[21]杨素清.国际工程风险认识[J].现代商业,2009(2):80.

[22]Slovic P E. The perception of risk[M]. London:Earthscan Publications,2000.

[23]涂文博,李远富,严健.层次综合法在国际工程项目风险管理中的应用[J].交通科技与经济,2010(1):122-125.

[24]祝显图.中国水电建设集团国际工程项目风险管理研究[D].兰州:兰州大学,2010.

[25]文海鸥.浅析国际工程项目风险管理[J].中小企业管理与科技,2011(3):42-43.

[26]Cole S,Giné X,Tobacman J,et al. Barriers to household risk management:evidence from India[J]. American Economic Journal Applied Economics,2013,5(1):104-135.

[27]曹廷伟.国际工程项目风险管理和控制[D].成都:西南交通大学,2012.

[28]冯硕,高磊.国际工程风险管理浅析[J].中国科技信息,2012,16(72-73).

[29]唐广莹.水工工程国际工程风险管理分析[J].中国水运(下半月),2013(9):139-140.

[30]Bolton P,Chen H,Wang N. Market timing,investment,and risk management[J]. Journal of Financial Economics,2013.

[31]吕哲.中国国际石油合作中政治风险的指标体系构建与规避措施的研究[J].华商,2007(30):57-60.

[32]戴祖旭,舒先林.中国石油企业跨国经营政治风险模型论纲[J].中外能源,2007(6):12-14.

[33]钟雪飞,陈惠芬.中国石油企业海外投资面临的政治风险及评价[J].产业与科技论坛,2008(11):59-61.

[34]李爽,王勇毅.大型社会活动安全风险评估指标研究[J].中国安全科学学报,2008(9):147-151.

[35]童生,郑馨.跨国企业如何应对海外政治风险[N].中国石油报,2004-11-01.

［36］Holzmann R，Jrgensen S. Social risk management：A new conceptual framework for social protection，and beyond［J］. International Tax and Public Finance，2011，8（4）：529 – 556.

［37］张倩. 对我国石油企业风险问题的探讨［J］. 现代商业，2011（18）：47 – 48.

［38］Siegel P B，Alwang J. An asset-based approach to social risk management：A conceptual framework［R］. The World Bank，2012.

［39］王洪华. 石油企业风险与防范［J］. 中国石化，2012（1）：37 – 39.

［40］王晓峰. 层次缝隙法在石油企业风险评估中的应用［J］. 中国高新技术企业，2012（1）：14 – 17.

［41］杨清香，王姝. 企业社会风险的决定因素及其治理［J］. 财政监督，2013（20）：18 – 22.

［42］Harrison G W，Lau M I，Rutström E E，et al. Preferences over social risk［J］. Oxford Economic Papers，2013，65（1）：25 – 46.

［43］埃·蒂里阿基安. 社会性变化的模式及其主导的指示器［M］//整个社会的研究. 纽约，1961.

［44］Estes Richard J. The social progress of nations［M］. New York：Praeger，1984.

［45］卢新发. 社会风险预警方法浅探［D］. 成都：西南财经大学，2004.

［46］海兵. 宏观经济预警研究：理论·方法·历史［J］. 经济理论与经济管理，1997（4）：1 – 4.

［47］Kiseok Lee，Shawn Ni. On the dynamic effects of oil price shocks：a study using industry level data［J］. Journal of Monetary Economics，2002（49）：823 – 852.

［48］Atkeson A，Kehoe PJ. Models of energy use：Putty—putty versus putty—clay［J］. American Economic Review 1999（89）：1028 – 1043

［49］Hamilton J D. A neoclassical model of unemployment and the business cycle［J］. Journal of Political Economy，1988（96）：593 – 617.

［50］Bohi D R. On the macroeconomic effects of energy price shocks［J］. Resources and Energy，1991（13）：145 – 162.

［51］Webb I R，Larson R C. Period and phase of customer replenishment：a new approach to the strategic inventory/routing problem［J］. European Journal of Operational Research，1995（85）：132 – 148.

［52］Lee K，Ni S，Ratti R A. Oil shocks and the macroeconomy：the role of price variability［J］. The Energy Journal，1995（16）：39 – 56.

［53］李继尊. 中国能源预警模型研究［D］. 北京：中国石油大学，2007.

［54］Baird T. Toward a contingency model of strategic risk taking［J］. Academy of

Management Review,1985,10(2):230 – 243.

[55]Basak S,Shapiro A. Value-at-Risk-Based risk management:optimal policies and asset prices[J]. The Review of Financial Studies,2001(2):371 – 409.

[56]Bromiley C. Individual differences in risk taking[J]. Risk-Taking Behavior,1992,11(1):87 – 132.

[57]佘丛国,席酉民. 我国企业预警研究理论综述[J]. 预测,2003(2):23 – 29.

[58]Norman R Augustine,Anurag Sharma,N Craig Smith,et al. Crisis management[J]. Harvard Business Review,1995.

[59]Heath R. Crisis management for managers and executives:business crises:the definitive handbook to reduction,readiness,response and recovery[J]. Financial Times Management,1998.

[60]Hasumoto R,Miyamoto A,Sueta M. Disaster prevention technology for crisis management on water and sewage treatment[J]. Fuji Electric Journal,1998,71 (6).

[61]Huber C,Scheytt T. The dispositif of risk management:Reconstructing risk management after the financial crisis[J]. Management Accounting Research,2013, 24(2):88 – 89.

[62]Tekathen M,Dechow N. Enterprise risk management and continuous re-alignment in the pursuit of accountability:A German case[J]. Management Accounting Research,2013,24(2).

[63]毕大川,刘树成. 经济周期和预警系统[M]. 北京:科学出版社,1990.

[64]顾海兵. 经济预警新论[J]. 数量经济技术经济研究,1994(1):33 – 37.

[65]谢科范,袁明鹏,彭华涛. 企业风险管理[M]. 武汉:武汉理工大学出版社,2004.

[66]胡华夏,罗险峰. 现代企业生存风险预警指标体系的理论探讨[J]. 科学学与科学技术管理,2000,21(6):33 – 34.

[67]罗帆,佘廉,顾必冲. 民航交通灾害预警管理系统框架探讨[J]. 北京航空航天大学学报(社会科学版),2001,14(4):33 – 36.

[68]王超. 交通灾害中的载运工具致灾机理及其预警管理系统研究[D]. 武汉:武汉理工大学,2003.

[69]高凤彦,韩玉. 铁路交通灾害预警管理模式的探讨[J]. 河北科技大学学报,2002,23(1):89 – 92.

[70]罗云,宫运华,宫宝霖,等. 安全风险预警技术研究[J]. 安全,2005(2):26 – 29.

［71］林奇凯,刘海潮,梁虹.当前城市社会风险预警管理现状及其机制构建:以宁波市为例［J］.宁波大学学报(人文科学版),2012(1):108－113.

［72］刘年平.煤矿安全生产风险预警研究［D］.重庆:重庆大学,2012.

［73］刘凯.港口安全生产预警管理新模式研究［J］.中国水运(下半月),2013(4):73－74.

［74］杨霖.基于多元判别分析探索上市公司财务风险预警模型［J］.民营科技,2013(8):218,80,104.

［75］刘昆,汤成兵.基于工作流的 HSE 安全预警模型研究［J］.山西电子科技,2013(4):68－70.

［76］余光辉,陈天然,周佩纯.我国环境群体性事件预警指标体系及预警模型研究［J］.情报杂志,2013(7):13－18.

［77］Donaldson Thomas, Schoemaker Paul J H. Self-inflicted industry wounds:early warning signals and pelican gambits［J］. California Management Review,2013,55(2):24－54.

［78］Carl B, Richardson J T, Cheng E, et al. Theory and application of early warning systems for high school and beyond［J］. Journal of Education for Students Placed at Risk (JESPAR),2013,18(1):29－49.

［79］Pozzi Will, Sheffield Justin, Stefanski Robert. Toward global drought early warning capability:expanding international cooperation for the development of a framework for monitoring and forecasting［J］. Bulletin of the American Meteorological Society,2013,94(6):776－785.

［80］Cressman Keith. Role of remote sensing in desert locust early warning［J］. Journal of Applied Remote Sensing,2013(7).

［81］Lagomarsino D, Segoni S, Fanti R. Updating and tuning a regional-scale landslide early warning system［J］. Landslides,2013,10(1):91－97.

［82］Baxter R, Bedard J C, Hoitash R, et al. Enterprise risk management program quality:determinants,value relevance,and the financial crisis［J］. Contemporary Accounting Research,2013,30(4):1264－1295.

［83］Liu Xianglan, Zhao Xusheng, Dong Guigang. Study on early warning system of coal and gas outburst［M］// Liu X H, Zhang K F, Li M Z. Manufacturing Process and Equipment, PTS 1－4. 2013:694－697.

［84］Liu Y, Yu R. Analysis on influencing elements of enterprise logistics risk early warning:based on manufacturing industries in Beijing area［J］. American Journal of Industrial and Business Management,2013(3):382－388.

[85] Collins L, Collins D. Decision making and risk management in adventure sports coaching[J]. Quest,2013,65(1):72-82.

[86] Li C, Zhang C, Lu G, et al. Risk early warning model of grid engineering project based on system dynamics[J]. Research Journal of Applied Sciences, Engineering & Technology,2013,6(6).

[87] Wang J P, Wu Y M, Lin T L, et al. The uncertainties of a < i > Pd3 </i> - < i > PGV </i> onsite earthquake early warning system[J]. Soil Dynamics and Earthquake Engineering,2012,36(4):32-37.

[88] Zheng J, Xiao B, Sun G, et al. Research of university financial risk early warning mechanism based on hierarchical fuzzy method[C]//Proceedings of the International Conference on Information Engineering and Applications (IEA) 2012. Springer London,2013:559-568.

[89] Liu H H, Zhang Z Q. Risk early warning model of unexpected group events based on AHP[J]. Applied Mechanics and Materials,2013(339):778-783.

[90] Zhou H. BP neural network-based commercial loan risk early warning research [C]//The 19th International Conference on Industrial Engineering and Engineering Management. Springer Berlin Heidelberg,2013:1259-1267.

[91] Jia L. Security early warning assessment program of hazardous sources based on early warning information processing model[J]. Advanced Materials Research,2013(756):804-809.

[92] 贾让. 转型期的社会风险与安全策略[J]. 法制与社会,2009(5):212,216.

[93] Douglas M. Risk and acceptability according to the social sciences[M]. London:Routledge,2013.

[94] Garfagnini U. The social risk of innovation[J]. SSRN Electronic Journal,2013.

[95] 齐洪亮. 公路自然灾害评价系统的研究[D]. 西安:长安大学,2011.

[96] 朱淑珍. 中国外汇储备的投资组合风险与收益分析[J]. 上海金融,2002(7):26-28.

[97] 王明涛. 证券投资频度风险的计量与控制研究[J]. 郑州大学学报(工学版),2003(2):53-58.

[98] Ritchie B W, Reid S. Risk management and ecotourism businesses[J]. International Handbook on Ecotourism,2013:273.

[99] 郭晓亭,王林,苗青. 我国实行金融混业经营的途径分析[J]. 财经理论与实践,2002(S3):38-39.

[100] 叶青,易丹辉. 中国证券市场风险分析基本框架的研究[J]. 金融研究,

2000(6):65 - 70.

[101]Hull C J. Risk management and financial institutions, + Web Site[M]. 3rd. Hoboken, New Jersey: John Wiley & Sons, 2012.

[102]赵文涛. 企业品牌风险管理及其在我国煤炭企业的应用研究[D]. 西安: 西安科技大学. 2010.

[103]Allen S L. Financial risk management: a practitioner's guide to managing market and credit risk[M]. Wiley, 2012.

[104]Hopkin P. Fundamentals of risk management: understanding, evaluating and implementing effective risk management[M]. Kogan Page, 2012.

[105]Sodhi M M S, Son B G, Tang C S. Researchers' perspectives on supply chain risk management[J]. Production and Operations Management, 2012, 21(1):1 - 13.

[106]宋林飞. 中国社会风险预警系统的设计与运行[J]. 东南大学学报(社会科学版), 1999(1):69 - 76.

[107]李俊. 当前我国社会风险的体制根源[J]. 理论月刊, 2002(6):43 - 44, 52.

[108]Aebi V, Sabato G, Schmid M. Risk management, corporate governance, and bank performance in the financial crisis[J]. Journal of Banking & Finance, 2012, 36(12):3213 - 3226.

[109]Huber O. Risky decisions active risk management[J]. Current Directions in Psychological Science, 2012, 21(1):26 - 30.

[110]Dunn J C, Whelton W J, Sharpe D. Retreating to safety: testing the social risk hypothesis model of depression[J]. Evolution and Human Behavior, 2012, 33(6).

[111]Poolsappasit N, Dewri R, Ray I. Dynamic security risk management using bayesian attack graphs[J]. Dependable and Secure Computing, IEEE Transactions on, 2012, 9(1):61 - 74.

[112]Aebi V, Sabato G, Schmid M. Risk management, corporate governance, and bank performance in the financial crisis[J]. Journal of Banking & Finance, 2012, 36(12):3213 - 3226.

[113]Jha A K, Bloch R, Lamond J. Cities and flooding: a guide to integrated urban flood risk management for the 21st century[M]. World Bank Publications, 2012.

[114]魏法汇. 哲学视野中的"生态危机"[J]. 山东理工大学学报(社会科学版), 2003, 19(3):37 - 40.

[115] Alhawari S, Karadsheh L, Nehari Talet A, et al. Knowledge-based risk management framework for information technology project[J]. International Journal of Information Management, 2012, 32(1): 50 – 65.

[116] 丁希. 论风险社会背景下的社会多元参与[D]. 南京: 南京师范大学, 2010.

[117] 韦军亮. 中国企业跨国经营风险预警的理论与实证研究[D]. 天津: 南开大学, 2009.

[118] 何平. 系统非优分析理论及方法[J]. 中国工程科学, 2003, 5(7): 40 – 46.

[119] Soin K, Collier P. Risk and risk management in management accounting and control[J]. Management Accounting Research, 2013, 24(2): 82 – 87.

[120] 杨芳勇. 论社会燃烧理论在"重大事项"上的应用: 重大事项社会稳定风险评估的理论基础与方法模型[J]. 中共浙江省委党校学报, 2012, (4): 106 – 111.

[121] Robert N Charette. Sotfware engineering risk analysis and management[M]. New York: McGraw-Hill Book Comapany, 1989.

[122] Ross T, Donald S. A fuzzy logic paradigm for fault trees and event trees in risk assessment[C]//Computing in Civil Engineering: Proc. of the Third Congress, New York: ASCE, 1996: 369 – 375.

[123] 张明, 董利民. 基于层次分析法的城市土地整理项目风险评估模型[J]. 湖北农业科学, 2006(4): 37 – 40.

[124] 彭海艳, 杨会云. 蒙特卡罗在项目融资风险评估中的应用[J]. 森林工程, 2006(4): 78 – 80.

[125] Nag Ashot, Amit Mitra. Neural networks and early warning indicators of currency crisis[J]. Reserve Bank of India Occasional Papers, 1999, 20(2): 183 – 222.

[126] Seung H Han, James E Diekmann. Approaches for making risk-based go/on go decision for international projects[J]. Journal of construction engineering and management, 2001, 27(4): 300 – 308.

[127] Simister S J. Usage and benefits of project risk analysis and management[J]. Int. Journal of Project Management, 1994, 12(1): 5 – 8.

[128] 中国石油天然气官方网站. http://www. cnpc. com. cn/? COLLCC = 2089506353&.

[129] 刘桂珍. 我国石油企业海外投资风险研究[D]. 北京: 中国地质大学(北京), 2012.

[130] 戴德铮. 国际政治学要论: 国际政治态势与战略应对[M]. 北京: 时事出版

社,2011:122,146.

[131]江泽民.目前形势和经济工作[M]//中共中央文献编辑委员会.江泽民文选.北京:人民出版社,2006:422.

[132]兹比格纽·布热津斯基.大棋局:美国的首要地位及其地缘战略[M].上海:上海人民出版社,1998:32-33.

[133]World Trade Organization. WTO secretariat[R]. World Trade Report 2007,Geneva,2007:244.

[134]UNCTAD. World investment report 2011[R]. New York and Geneva,United Nations,2011:2.

[135]国彦兵.国际经济学[M].北京:立信会计出版社,2012:5.

[136]罗伯特·J·凯伯.国际经济学[M].13版.北京:中国人民大学出版社,2011:262.

[137]Liang G,Sun Y. Land intensive use evaluation indicator system of development zone based on rationality of land use structure[J]. Journal of Tonghua Normal University,2013,7:015.

[138]Le Tourneau F M,Marchand G,Greissing A,et al. The DURAMAZ indicator system:a cross-disciplinary comparative tool for assessing ecological and social changes in the Amazon[J]. Philosophical Transactions of the Royal Society B:Biological Sciences,2013(368):1619.

[139]Price L,Zhou N,Fridley D,et al. Development of a low-carbon indicator system for China[J]. Habitat International,2013(37):4-21.

[140]Abdullah M F,Adnan M A,Aziz M G A,et al. Development of microcontroller based potentiometric indicator system for piezoresistive mems sensor[C]//Computational Intelligence,Communication Systems and Networks(CICSyN),2013 Fifth International Conference on. IEEE,2013:155-159.

[141]胡冬红.煤矿安全事故成因分析及预警管理研究[D].武汉:中国地质大学,2010.

[142]Yin Y J,Li L L,Yin X C,et al. Study on institutions of higher learning mechanical engineering training evaluation indicator system[J]. Advanced Materials Research,2013(677):558-562.

[143]Ning S K,Wang S H. Indicator system construction for recycling society[J]. Advanced Materials Research,2013(726):3646-3649.

[144]中华人民共和国商务部.商务部关于印发《对外投资合作境外安全风险预警和信息通报制度》的通知[DB/OL]. http://www. mofcom. gov. cn/aarti-

cle/b/g/201009/20100907152677. html.

[145]翟晓峰. 从一个海外工程项目看承包商的风险管理[J]. 国际经济合作, 2006(5):34 - 39.

[146]刘宝发. 国际石油勘探开发项目政治风险的不确定性研究[J]. 中国石油大学学报(社会科学版),2009(2):1 - 4.

[147]尹建军. 社会风险及其治理研究[D]. 北京:中共中央党校,2008.

[148]张贵洪,蒋晓燕. 跨国公司面对的政治风险[J]. 国际观察,2002(3):49 - 52.

[149]杜奇华. 论国际投资的国家风险及其防范[J]. 国际经济合作,1995(4):25 - 28.

[150]须俊. 跨国经营中的政治风险及规避策略[J]. 国际经济合作,1997(3):39 - 41.

[151]郑小玲. 论海外投资国家风险的防范[J]. 安徽大学学报(哲学社会科学版),2001(3):6 - 11.

[152]杨琳,罗鄂湘. 重大工程项目社会风险评价指标体系研究[J]. 科技与管理,2010(2):43 - 46.

[153]曾光. 现代流行病方法与应用[M]. 北京:北京医科大学中国协和医科大学联合出版社,1994:250 - 270.

[154]高菁,田克仁,余超,等. 基于 Delphi 法的药品生产企业人员对药品安全性监测认知度评估指标体系构建研究[J]. 中国药物警戒,2013,10(6):344 - 347.

[155]陈永良,路来君. 核主成分回归分析方法及应用[J]. 国土资源科技管理,2012(6):8 - 13.

[156]李靖华,郭耀煌. 主成分分析用于多指标评价的方法研究:主成分评价[J]. 管理工程学报,2002(1):46 - 50.

[157]林伟. 基于核主成分分析和核 Fisher 判别分析的精神负荷分类[D]. 上海:华东理工大学,2013.

[158]张曦,陈世和,朱亚清,等. 基于 KPCR 的发电机组参数预测预计[J]. 电力自动化设备,2010,10(30):54 - 57.

[159]秦凌飞. 判别模型在课堂教学评价中的运用初探[D]. 上海:华中师范大学,2011.

[160]中国石油总公司长城钻探工程公司官方网站. http://gwdc. cnpc. com. cn/gwdc/.

[161]网络来源,中国军网:http://www. chinamil. com. cn/jfjbmap/content/2011

－09/09/content_66637. htm.

[162]网络来源,百度百科:http://baike. baidu. com/link? url＝ZoX2bbgfUMv5zA
3fUm36b－JJb3nWgHQHw－dnYxjSXDfNXCYg_14x5WucCVvvUFn－WAK12O
VG72fbcwFoAwAvYq.

附　录

附录 A　石油涉外企业社会风险预警评价指标体系调查问卷（中国专家版）

石油涉外企业社会风险预警评价指标体系调查问卷

尊敬的各位专家：

您好！我们现在进行的一项研究需要您们的帮助，请您们根据所在国家的基本情况填写下表，非常感谢！

姓名：

国家：

一、主观访谈类指标赋值说明

第一，请您在上面填好您的姓名和国家；

第二，请您针对观测指标在您国家的严重程度相应分值处划"√"；

第三，基本打分原则是反向打分，即某一指标情况最严重的打 5 分，最不严重的打 1 分。针对每个指标分别给出具体打分标准，如下表中所示：

类型	观测指标名称	指标严重程度打分					观测指标打分说明
		5	4	3	2	1	
突发公共卫生事件	传染病						5 分—非常严重（AIDS、寄生虫、肝炎等疾病流行，且无法有效控制） 4 分—较严重（AIDS、寄生虫、肝炎等疾病存在，有控制手段） 3 分——般（AIDS、寄生虫、肝炎等疾病尚未完全消灭，具有有效控制手段）
	地区病						2 分—较少（AIDS、寄生虫、肝炎等疾病很少发生） 1 分—非常少（基本没有 AIDS、寄生虫、肝炎等疾病）
社会稳定	罢工						5 分—非常频繁（随时可能发生） 4 分—较频繁（近 1 年发生过一次）
	游行						3 分——般（近 3 年左右发生一次）
	袭击单位						2 分—较少（近 5 年发生过一次）
	抢劫						1 分—非常少（近 5 年来没有发生）

续表

类型	观测指标名称	指标严重程度打分					观测指标打分说明
		5	4	3	2	1	
政权交替	选举						
	政变						5分—非常频繁（随时可能发生） 4分—较频繁（近1年来发生过一次）
	其他						
武装冲突	国家之间						3分——一般（近3年左右发生一次） 2分—较少（近5年发生过一次） 1分—非常少（近5年来没有发生）
	部落之间						
	政府与反政府武装之间						
恐怖主义	恐怖主义组织						5分—非常多（基地组织、黑帮、贩毒团伙等势力活动频繁） 4分—较多（基地组织、黑帮、贩毒团伙等势力存在，但在政府控制之下） 3分——一般（基地组织、黑帮、贩毒团伙等势力可能存在，且活动不多） 2分—较少（基地组织、黑帮、贩毒团伙等势力很少有活动迹象）
	恐怖主义事件						1分—非常少（基本没有基地组织、黑帮、贩毒团伙等势力活动迹象）
国际多边关系	国际组织						5分—非常差（国家间的关系恶劣，面临联合国贸易制裁与禁运） 4分—较差（与世界上大部分国家关系较差，面临地区性制裁与禁运） 3分——一般（与世界上主要国家关系较差，面临一些国家的贸易制裁）
	国家之间						2分—较好（与世界上大部分国家关系较好） 1分—非常好（国际关系融洽）

续表

类型	观测指标名称	指标严重程度打分					观测指标打分说明
		5	4	3	2	1	
金融风险	汇率变动						5分—波动非常大（汇率波动剧烈，货币失去民众信任） 4分—波动较大（汇率波动幅度较大，存在恶劣的通货膨胀） 3分——般（汇率波动幅度，存在一定的通货膨胀，但可控） 2分—波动较小（汇率波动幅度较小） 1分—波动非常小（汇率处于正常波动范围）
	合作方不能支付						5分—非常多（大部分合约均不能兑现，国家完全失去信誉） 4分—较多（约有3/4合约不能兑现） 3分——般（约有一半合约不能兑现） 2分—较少（约有1/4合约不能兑现） 1分—非常少（大部分合约能够正常兑现）
财政政策	税收政策变动						5分—非常频繁（随时可能变动） 4分—较频繁（每年均有变动） 3分——般（近3年内有变动） 2分—较稳定（近5年内有变动） 1分—非常稳定（近5年没有变动）
	贸易壁垒						5分—非常严重（几乎对全部外国产品实施贸易保护） 4分—较严重（对1/4外国产品实施贸易保护） 3分——般（对一半外国产品实施贸易保护） 2分—较少（对3/4外国产品实施贸易保护） 1分—非常少（仅对个别外国产品实施贸易保护）

续表

类型	观测指标名称	指标严重程度打分					观测指标打分说明
		5	4	3	2	1	
民族习俗	生活习惯						5分—非常特别（具有对抗性差异，且差异数量较多） 4分—较特别（具有对抗性差异，且差异数量较多）
	性别习俗						3分——一般（具有一定数量差异，但不具备对抗性）
宗教信仰	宗教活动						2分—差别较小（具有若干差异，也不具备对抗性）
	宗教习惯						1分—差别非常小（具有很少差异，也不具备对抗性）
文化差异	文化抵触						5分—非常大（具有很多差异，且人民具有对抗性情绪） 4分—较大（具有很多差异，也具有一定的对抗情绪） 3分——一般（具有一定差异，也具有一定的对抗情绪） 2分—较小（具有一定的差异，但不具有对抗情绪） 1分—非常小（基本不具有差异）
	文化习惯与发展水平						5分—非常低（文化封闭性强，难以接受外来文化） 4分—较低（文化封闭性较强，对外来文化具有一定的抵触情绪） 3分——一般（文化封闭性不强，对外来文化具有一定抵触情绪） 2分—较好（文化开放性较好，能在一定程度上接纳外来文化） 1分—非常好（文化开放性好，能接纳外来文化）
不可抗拒风险	气象灾害、海洋灾害、洪水灾害、地质灾害、地震灾害						5分—非常频繁（随时可能发生） 4分—较频繁（近1年内有灾害发生） 3分——一般（近3年内有灾害发生） 2分—较少（近5年内有灾害发生） 1分—非常少（近5年内无灾害发生）

附录 B 石油涉外企业社会风险预警评价指标体系调查问卷（访问学者版）

Questionnaire Survey of Management of Society Risk

Dear visiting scholars, we are doing a research which need your help. Please fill in the form according to the situation of your own country. It is important for us that, when responding to questions, your answer reflects the actual state—and not a desired state. There are no right or wrong answers, we are interested in your personal opinion.

Thank you very much!

NAME：

COUNTRY：

1. Explanation

First, please write your name and your country.

Second, please write "√" in the form according to the serious level of the index in your country.

Third, if the index is the most serious, please write "√" in 5 score. If the index is the least serious, please write "√" in 1 score, write "√" in other scores by parity of reasoning.

Type	Name of index	Score					Explanation
		5	4	3	2	1	
emergent events of public health	communicable disease						5—very serious (There are lots of prevalence of disease, such as AIDS, parasite, hepatitis, cannot be effective controlled.) 4—serious (There are some prevalence of disease such as AIDS, parasite, hepatitis which can be controlled.) 3—average (There are some prevalence of disease such as AIDS, parasite, hepatitis which can be effective controlled but cannot be exterminate completely.) 2—less (The prevalence of disease such as AIDS, parasite, hepatitis rarely appears.) 1—very little (There nearly no prevalence of disease such as AIDS, parasite, hepatitis.)
	native disease						

续表

Type	Name of index	Score 5	4	3	2	1	Explanation
social stability	strike						5—very frequently（It may happen at any time.） 4—frequently（It happened once in the last year.） 3—average（It happened once in the last 3 years.） 2—less（It happened once in the last 5 years.） 1—very little（It didn't happen in the last 5 years.）
	parade						
	assault the unit						
	rob						
regime transition	election						5—very frequently（It may happen at any time.） 4—frequently（It happened once in the last year.） 3—average（It happened once in the last 3 years.） 2—less（It happened once in the last 5 years.） 1—very little（It didn't happen in the last 5 years.）
	coup						
	others						
armed conflict	between countries						
	between tribes						
	between the government and the rebels						
terrorism	terrorism organization						5—very frequently（The organizations just like al-Qaida, sinister gang, drug ring and so on are very active.） 4—frequently（The organizations just like al-Qaida, sinister gang, drug ring and so on are exist in the country but can be controlled by the government.） 3—average（The organizations just like al-Qaida, sinister gang, drug ring and so on maybe exist, but they are not very active.） 2—less（The organizations just like al-Qaida, sinister gang, drug ring and so on are not active.） 1—very little（There are not any organizations just like al-Qaida, sinister gang, drug ring and so on.）
	terrorism event						

续表

Type	Name of index	Score					Explanation
		5	4	3	2	1	
international relation	between international organizations						5—very vile (The relationship with other countries is very vile, faced with trade sanction and embargo by United Nations.)
	between countries						4—vile (The relationship with most of the other countries is vile, faced with regional trade sanction and embargo.) 3—average (The relationship with the major countries, faced with the trade sanction and embargo by some countries.) 2—good (The relationship with most countries of the world is harmonious.) 1—very good (The international relation is very harmonious.)
financial risk	exchange rate movement						5—very huge fluctuations (The exchange rate fluctuations are very huge, the common people don't believe the currency policy.) 4—huge fluctuations (The exchange rate fluctuations are huge, the inflation is vile.) 3—average (The exchange rate fluctuations are huge, the inflation can be controlled.) 2—little fluctuations (The exchange rate fluctuations are little.) 1—very little fluctuations (The exchange rate fluctuations are with normal limits.)
	nonsupport by partner						5—very much (Most of the agreement cannot be honored a contract.) 4—many (About three quarters of the agreement cannot be honored a contract.) 3—average (About half of the agreement cannot be honored a contract.) 2—less (About one-quarter of the agreement cannot be honored a contract.) 1—very few (Most agreement can be honored a contract.)

续表

Type	Name of index	Score					Explanation
		5	4	3	2	1	
financial policy	tax policy change						5—very frequently（It may happen at any time.） 4—frequently（It happened once in the last year.） 3—average（It happened once in the last 3 years.） 2—less（It happened once in the last 5 years.） 1—very little（It didn't happen in the last 5 years.）
	trade barrier						5—very serious（Trade protection to almost all the countries.） 4—serious（Trade protection to about three quarters countries.） 3—average（Trade protection to about half of the countries.） 2—less（Trade protection to about a quarter countries.） 1—very little（Trade protection to several countries.）
ethnic customs	habits and customs						5—very special（Lots of antagonism of variance.） 4—special（Some antagonism of variance.） 3—average（Lots of variance, but not antagonism.） 2—little distinctive（Some variance, but not antagonism.） 1—very distinctive（Nearly have no variance.）
	sex customs						
faith	religious activities						
	religious customs						

续表

Type	Name of index	Score					Explanation
		5	4	3	2	1	
cultural differences	cultural clashes						5—very serious（Have lots of difference, and have strong opposed sentiment.） 4—serious（Have many difference, and have some opposed sentiment.） 3—average（Have some difference, and have some opposed sentiment.） 2—less（Have some difference, but have no opposed sentiment.） 1—very little（Have no difference.）
	cultural customs and developmental level						5—very low（The culture is very closed. People cannot accept the external cultural.） 4—low（The culture is closed. People are hard to accept the external cultural.） 3—average（The culture is not very closed. People have a little resistance to external cultural.） 2—well（The culture is open. People can accept most of the external cultural.） 1—very well（The culture is very open. People can accept all the external cultural.）
irresistible risk	meteorological disaster, marine disaster, flood damage, geological disaster, earthquake disaster						5—very frequently（It may happen at any time.） 4—frequently（It happened once in the last year.） 3—average（It happened once in the last 3 years.） 2—less（It happened once in the last 5 years.） 1—very little（It didn't happen in the last 5 years.）

附录 C 社会风险事件编码表

所有一级指标用 z 编码，二级指标用 y 编码，三级指标用 x 编码。

政治风险 z_1

政权交替 y_1			武装冲突 y_2			恐怖活动 y_3			民主与法制 y_4		国际多边关系 y_5	
选举	政变	其他	国家之间冲突	部落之间冲突	政府与反政府武装之间冲突	武装劫持（绑架）	路边炸弹	其他恐怖事件	民主事件	法律风险	国际组织	国家双边关系
x_1	x_2	x_3	x_4	x_5	x_6	x_7	x_8	x_9	x_{10}	x_{11}	x_{12}	x_{13}

文化风险 z_2

民族习俗 y_6		文化差异 y_7		宗教冲突 y_8	
生活习惯	性别习俗	文化包容性	社会生活水平	宗教信仰	宗教习俗
x_{14}	x_{15}	x_{16}	x_{17}	x_{18}	x_{19}

社会风险 z_3

突发公共卫生事件 y_9		社会稳定程度 y_{10}			
传染病	群体食物中毒	失业率	犯罪率（入室盗窃、抢劫）	罢工/游行	骚乱
x_{20}	x_{21}	x_{22}	x_{23}	x_{24}	x_{25}

其他风险 z_4

经济风险 y_{11}			不可抗拒风险 y_{12}
汇率变动	税收政策变动	通货膨胀率	不可抗拒风险
x_{26}	x_{27}	x_{28}	x_{29}

附录D 核主成分分析结果

主成分1	主成分2	3	4	5	6	7	8	9	10	11	12	13	14	15
0.049113	0.043592	0.041823	0.040229	0.038504	0.036369	0.036266	0.034929	0.033419	0.031751	0.031147	0.029876	0.028993	0.028732	0.026395
7.859694	14.83585	21.52903	27.96709	34.12912	39.94947	45.75327	51.34303	56.69126	61.77254	66.75706	71.53822	76.17809	80.77611	85.00014
-0.19754	-0.47952	0.274514	0.083803	0.018173	-0.0804	-0.18974	-0.1633	-0.10059	-0.22426	-0.22497	0.062508	0.064547	0.147163	-0.25227
0.066034	-0.06579	-0.00713	0.109484	0.112309	-0.36511	0.097122	0.70742	0.272291	-0.32832	0.238646	-0.05871	0.12949	0.015647	0.03421
-0.29961	-0.22049	0.277663	0.016725	0.16965	0.013899	-0.17784	0.052039	0.117732	-0.08453	-0.30705	-0.14743	-0.28029	-0.45224	0.09918
-0.11185	0.327232	-0.2118	0.360173	-0.09887	0.015537	-0.23211	-0.14104	0.062072	-0.1714	-0.04938	0.212904	0.34396	-0.19932	-0.31448
0.399209	0.213268	0.37852	-0.20981	-0.09586	0.052047	-0.05726	-0.11958	0.044269	-0.12374	0.152246	-0.12532	0.032856	-0.04318	-0.2122
-0.15647	0.340398	-0.03508	-0.11004	0.34012	0.166221	0.150741	0.187279	-0.2247	-0.01617	-0.05531	-0.2399	-0.31841	0.240239	-0.47511
0.000139	0.036313	0.05689	-0.37353	0.264814	-0.30341	0.073254	-0.33921	0.097608	-0.24598	0.094057	0.408291	0.078549	0.227163	0.221001
0.114335	-0.01196	-0.45876	0.16079	-0.05124	0.03426	-0.4902	-0.13901	0.354389	-0.02225	0.084007	-0.20253	-0.28539	0.158787	0.123323
-0.11849	0.087499	-0.20218	-0.52946	0.008472	-0.0126	-0.20123	-0.04712	0.00668	0.006523	-0.07329	-0.20796	-0.00438	0.119613	0.109989
-0.22757	-0.16767	0.186985	0.318166	-0.12377	0.178481	0.198644	-0.16713	0.130023	0.096512	0.267517	-0.16674	0.140954	0.524783	-0.03088
-0.0142	0.001073	0.160712	-0.12509	0.236325	0.304445	-0.01749	0.134673	0.474746	0.593513	0.03106	0.246352	0.181412	-0.11311	-0.03283
-0.36559	0.221064	0.095738	0.079102	-0.278	0.010482	0.249265	-0.01774	-0.04641	0.029583	0.121538	-0.10441	-0.2029	-0.05798	0.491276

第一行为主成分 特征值 主成分累计方差贡献率 特征向量

第一列是主成分1的系数（第一、二行除外），以此类推

附录 E 国际媒体在 2012 年对叙利亚发生社会风险事件报道的频次统计

国家	叙利亚											
月份	1	2	3	4	5	6	7	8	9	10	11	12
X_1												
X_2												
X_3							1	1				2
X_4												
X_5												
X_6	2	2	2	2	2	1	3	5		3	3	3
X_7												1
X_8	1		2		3							
X_9	1		1					2		2	3	1
X_{10}												
X_{11}												1
X_{12}							6	4	1	2	2	2
X_{13}							1	1	1	2		
X_{14}												
X_{15}												
X_{16}												
X_{17}												
X_{18}												
X_{19}												
X_{20}												
X_{21}												
X_{22}												
X_{23}												
X_{24}	2											
X_{25}												
X_{26}												
X_{27}												
X_{28}												
X_{29}												

后　记

　　本书是我在博士学位毕业论文的基础上，把多年的研究成果进行提升和再创新而完成的。希望通过本书的研究能基本勾画出石油涉外企业社会风险预警管理的整体理论框架，并对石油涉外企业的社会风险预警管理实践起到一定的参考作用，同时也希望本书能够对从事相关理论研究的同行起到抛砖引玉的作用。

　　在本书即将结稿之际，我要深深感谢含辛茹苦培育我的父亲母亲，感谢他们三十年来给予我无私的爱、毫无条件的信任、无怨无悔的支持；感谢我的先生白雷，他与我共同承担着学业和工作的压力，给予我无私的支持和理解；感谢我的女儿白昕默、白忻冉，是她们不断地把快乐的正能量传递给我，让我更加深刻地体会到责任和成长的真正含义。

　　心中太多的感激无法一一表达，谨以此书献给所有关心和帮助我的人！

聂晓愚

2016 年 8 月于沈阳